JN086698

在日ウイグル人が明かす

ウイグルジェノサイド

東トルキスタンの真実

UYGHUR GENOCIDE

ムカイダイス
Muqeddes

ハート出版

はじめに

世界情勢が人々の予測や想像を遥かに超えた変動を見せた二〇二〇年、世界にコロナ（中国武漢肺炎）という未知のウイルスが流行し、何万人という人々の命が容易く奪われ、安心して外に出られない日々を送ることなど、恐らく誰一人予想しなかったであろう。日本の隣国である中国の武漢を発生源とする未知のウイルスについて、一年以上が過ぎた今なお、その正体が掴めないのである。現代社会に対し、歴史が前に進んでいるのか、それとも後退しているのか、いささか疑問を投げたくなるような不安定な時代に私たちは暮らしている。

一方、中国の植民地下に置かれ、いわゆる「新疆ウイグル自治区」と呼ばれている私の祖国の東トルキスタンでは、共産党政権が二〇一六年から各地に多数の巨大な「強制収容所」を作り、今では三〇〇万人以上のウイグル人がその中にいるとされる。国際的にも周知の事実である。しかし、強制収容所にいる彼らにコロナウイルスが及ぼす影響、そして、その生死については、全く情報がないことがもう一つの今世紀最大の信じがたい現実でもある。

それだけではない。在外のウイグル人の九〇パーセント以上が、三年ほど前から東トルキスタン内の家族や友人と連絡がとだえたまま。私的なことを言うと、私は、ウルムチの実家がどうなっているか、弟がどうなっているかも知らない。知る術もないまま悲しい時ばかりが過ぎていく。私だけではない。在外のウイグル人、皆が同じような状況にある。

周りの日本人に聞かれることがある。

「なぜ中国はウイグル人にそこまで酷いことをしているの？」

「ムスリム世界には十九億もの人たちがいるのに、なぜ同じムスリムのウイグル人のために立ち上がらないの？」

「日本人はウイグル問題について断片的な情報ばかりで、何一つはっきりしたことがわからない。一体どうなっているの？」

「ウイグルはチベットと違うの？」

……尽きない疑問に一言では答えられない。

日本社会がウイグル問題をよく理解できていない、あるいはまだたくさんの日本人がウイグル問題を「全く」というほど知らないのは事実である。マスコミの報道姿勢と、日本のウイグル学者が現地の問題を学問のレベルで日本社会に伝えていないのも一因であろう。

日本にいるウイグル学者の一部は、常に中国の立場でウイグルを研究している。彼らから見れば「新疆ウイグル自治区」に住む「少数民族のウイグル人」の問題は中国の民族政策の問題であり、中国の民族政策の研究こそが彼らの、今の日本のウイグル学者のスタンスでもある。彼らはウイグル問題を正面から取り上げて「中国のご機嫌」を損なうことで、中国に行き来できなくなることを危惧しているために、ウイグルの問題どころか、彼ら自身が構築した「中国の少数民族政策」としての新疆ウイグル自治区の問題点も十分に伝えられていないのが現状である。これは大変厄介なことである。

一方、ウイグル人たちは、自分たちが日頃親しく接してきた日本人のウイグル学者たちがウイグルの問題を正義感を持って、日本社会にしっかりと伝えてくれていると信じている。「事なかれ主義」で保身に徹して「上手にやってきた」一部のウイグル学者らの偽善者としての正体は、ウイグル人社会にまだ知られていないのは事実である。

しかし、いずれウイグル人は知ることになるだろう。それを知ったときに、日本を一つの美学として崇(あが)めているウイグル社会はまず、彼らが「本当の日本人」であることを疑い、唖然とすることだろう。

彼らが学問よりも優先し、その顔色をうかがってやまない偉大な中国も、このような学者たちににわかに失望し落胆していることだろう。なぜなら、中国は百年計画で、口では日本を罵(ののし)りながら、実際に「憧れの的で憎い日本」を目指して頑張ってきたのだから。このような残念な「日本人」が目の前に現れた時の落胆と軽蔑は隠そうとしないに違いない。高校と大学生活をそれぞれ北京と上海で過ごした私は、漢民族の気質とその思想がそれなりにわかるような気がする。

こういう人々の中には、「現地のウイグル人の友人たちを危険に晒(さら)したくない」と言い訳する者もいるが、そのような偽善者とはウイグル人誰一人として友人になろうと思わない。「ウイグル人の友人」という言葉を、保身のために容易く口にするものではない。

現状を正しく伝えられない学問は学問ではない。だれかの顔色で物事を判断して生きる主権国家の「学者」は、実に哀れである。

誤解して欲しくないのだが、私は日本人学者に対して、決してウイグル側に立ってくれと頼んでいるわけではない。一主権国家の学者としての責任と任務を誤魔化さず、ウイグル社会の現状を、中国の顔色をうかがうことなく日本社会にありのまま伝えてくれと言いたいだけである。

この点が学問のレベルでできているのは、ウイグル問題について最も力を入れているアメリカの学者たちである。政治的な意図とは別に行われたその研究の詳細に触れる度に感動を覚える。アメリカ政府は、主な政府機関にウイグル人を採用するなどの具体的なウイグル人支援も行っている。二〇二〇年六月十七日、当時のトランプ大統領が史上初めての「ウイグル人権法案」に署名した。

イスラーム世界には中国マネーがものを言う土台が作られつつある。多くのムスリムが中国共産党の巧みな宣伝工作に引っかかり、「ウイグル問題はアメリカが中国を悪く言うためにでっち上げている」と思っている。それだけではない。イスラーム教徒のいる国はまたそれぞれ中国との関係上、様々な問題を抱えており、その問題に応じてウイグル問題を捉えていることもある。

あるインド人のムスリムが、私に「中国軍がインド軍をやっつけてくれれば良いと願っている。インドはイスラーム教徒に優しくない国だから、憎んでいる」と言ったことがある。彼らは今でも「中国がイスラーム教徒に悪いことするはずがない。アメリカの嘘だ」と信じているらしい。イスラーム世界とアメリカの関係を考えれば、その心情がわからなくもない。

逆に、イスラーム世界に絶大に信頼されている日本からイスラーム世界へウイグル問題が発せられた場合、彼らは必ず信じてくれる。日本と日本の学者たちには、このようなことも視野に入れ、是非ともウイグルの事実を世界に発信するように頑張っていただきたいと切実に願っている。

今、日本でも一部の心ある日本人や在日のウイグル人がウイグル問題を伝えてくれている。彼らによってウイグルの現状が時には人権問題として、時には中国の宗教弾圧の行き過ぎとして報じられ、日本社会に伝わって問題提起されている。ありがたいことだがまだ十分とは言えない。

以上のような問題点を踏まえ、ウイグル人の側から日本に対して、ウイグル問題の本質と全面的な展開を伝えることをこの本で試したい。

ウイグル人にとって「新疆ウイグル自治区」とはどんな存在なのか。中華人民共和国はどのように「東トルキスタン」という主権国家を一自治区として包含することができたのか。中国の憲法で定められている「自治権」はどのくらい守られているのか。

これらの史実問題を整理すると、ウイグル人側から見た時に「新疆ウイグル自治区」は日本の学者が捉えているような中国の民族政策の賜物では決してないことがわかる。ウイグル人にとって「新疆ウイグル自治区」は、ウイグル人が平和のために戦争を放棄した結果、中国共産党に騙された結果、母なる祖国のために犠牲を払うことを怠った結果なのである。

しかし、歴史は論理や道徳を話す場ではない。ウイグル人にとっての中国共産党、漢民族とは何か？

東トルキスタン・イスラーム共和国と東トスキスタン共和国の違いをどのように捉えるべきか？

一九四九年に「受け入れた」自治区を今更ながら否定し（高度な自治を望まず）独立を訴え出ているウイグル人が多いのはなぜか。中国はなぜ東トルキスタンを手放さずに、強硬な措置に打って出たのか？

一九四九年に事実上、中国共産党に包含されたウイグルの社会と文化は、この七〇年の間にどのように変化をし、その経過はどうであったのか？

一度失った主権と独立国家を取り戻し、新たに構築するために、今のウイグル人はどのように考えているのか？

国際社会に対してなぜ中国は、ウイグル人を「テロリスト」として見せかけることに必死なのか？

こういった、様々な問題点について、この本でウイグル人として初めて、その答えを探りたい。

アジアの現在の状況を考えると、「もしあの時、ウイグルが独立していれば」と思うことがある。しかし歴史は変えられない。せめて日本国民が「将来、このような悲劇が起こらないようにするにはどうすればいいのか」という問いを自らにかけ、国を容易く中国共産党に差し出してしまったウイグル人がおかれている、想像を絶する現状と悲しみに向き合ってくれれば、私たちのような過ちを起こさないように教訓を得てくれれば、と思う。

今でも強制収容所の中に入っているウイグル人のことを考えれば、世の冷たさにいささか失望し、正義や人道などは何の意味もないのかと諦めている気持ちを隠せないのも事実。

この本が、日本の皆様に「国があり、そして主権国家の国民として生まれる幸せ」、あるいは「国がないことがどういうことか」などを考えさせてくれることを願う。そしてウイグルの歴史が、侵略を安易に許す側も侵略者同様に平和の破壊者であり、罪人であることを悟らせてくれることを願う。何よりも、世界に迫り来る中国の覇権主義の、実態解明の一端を担ってくれることを切実に願う。

目次

第五章　強制収容所の実態／125

第六章　ウイグル文学と詩人たちの光と陰／185

第一章　日本に生きるウイグル人として

私はウルムチ生まれのウイグル人

一九七〇年代後半のある年の秋の日、私は中央アジアの大都会ウルムチ市に住むウイグル人家族の長女としてこの世に生を受けた。父は石油系の工業エンジニア、母は大学の哲学の講師として働くウイグル人の知識人一家であった。

家はウルムチの中心地である紅山地区の一等地に位置する「国家エネルギー省新疆管理局」との看板が頑丈な鉄の大門の両側に立つ、高い壁に囲まれた広くて立派な敷地の中にあった。ここで働く人々は自治区の中では一目置かれる存在であった。

名前からも分かるように、ここはウルムチにありながら自治区政府ではなく、北京の中央政府直轄の国営企業である。自治区で中央政府直轄型の企業は、生産建設兵団と軍そして石油などの資源が関係する所だけだった。

完全武装した無表情の護衛が二十四時間体制で守る大きな鉄の門を潜ると、広々と整備された大きな道路があり、その両側に五階建ての「弁公大楼」と呼ばれる黄色の建物が整然と並んでいる。その中の一室が父の事務室だった。さらに奥に進むとかなり大きめな新鮮な肉や野菜・果物の売店がいくつも並び、職員のための漢民族食堂やウイグル人食堂などもある市場、郵便局や病院そして文化センターがあった。管理局の敷地を出ることなく、用事や買い物ができる仕組みだ。市場の近くの噴水と花園をさらに奥に進むと、ここで働く人々の居住地になっている低層のマンション群が建てられていた。

一九八〇年代、中国の全ての企業はオフィスビルとそこで働く人々の住居施設が同じところにあるスタイルであった。私が二歳を過ぎる夏までに、私の父と母は中国の文化大革命の時の「基礎から革命を経験すべき」との政策に従って、ウルムチ近郊のウェイフリヤン石炭鉱山で、父は鉱山の安全構造を管理し、母は鉱山の小学校で働いていたが、一九八〇年の初めに、それぞれのウルムチ市内の元の職場に復帰していた。その時に父の職場からこの家を与えられたというが、私の記憶にはこの家しかない。

家と同時に文化大革命の時に四分の一しか支払われてなかった十年分の給料の差額が支払われたため、私は比較的裕福な家庭に育った。家には、親がウェイフリヤン石炭鉱山に働いていた時代から私の面倒を見てくれている乳母のウイグル人の中年女性と、母の遠い親戚のアワグリお姉さんがいた。

アワグリお姉さんは家事や料理を手伝ってくれていた。母は毎月のように彼女の実家にお金を送り、彼女の実家の農家の暮らしを現金収入で支えていた。母は彼女の手に職をつけてあげたいと裁縫の学校にも通わせていた。乳母もアワグリお姉さんもとても優しい笑顔の絶えない人だった。アワグリお姉さんは裁縫学校の実習作品として、美しいワンピースやコート、帽子などを私のために作ってくれた。生地を選ぶために、母とアワグリお姉さんに連れられてウルムチの大バザールまでよく行ったものだ。大バザールは人で溢れかえって、活気と生命力に満ちていた。アワグリお姉さんは、いつも「ここでは鶏のミルク以外なんでも買える」と大げさな表現でその品物の豊富さを褒めていた。

父は当時のウイグル人の中では珍しくないが、漢民族にとっては珍しい学歴の持ち主で、ソ連の大学に留学して学位と資格を取っていた。当時の中国の李鵬首相もまた同じくエンジニアとしての資格をモスクワでとっており、このことが評価された父は、ウイグル人では珍しく局長クラスの幹部だったため、北京からこの管理局に直接派遣された漢民族の幹部と同様に一番良いマンションを与えられていた。当時のウルムチでは、このエネルギー管理局の住居マンションは、皆の憧れの的であったと思う。

旧ソ連の建築を模倣して建てられたこの建物は、美しくて快適だった。床暖房に冬には温水と、夏にはウルムチの冷たい雪解け水が循環していて、季節問わずに快適だった。部屋数も多かった。家には、父がロシア留学時代に買ってきたいくつかの美しい絵と、母が好きで育てていたゴムの木が植えられた大きな植木鉢が置いてあり、私はその雰囲気が大好きだった。

私はよく管理局の庭の花園で遊んでいた。乳母は遊ぶ私を見守っていた。いつ見ても彼女が私から目を離していないことが印象的だった。その優しい眼差しを今でも思い出す。同じ年頃の漢民族の子供三人、カザフ人、タタール人、モンゴル人の子供たちと一緒に遊んだ。皆自分の母国語で相手に話しかけていた。またそれがごく自然のことであった。

ウルムチ生まれの人の特徴は、おそらく自分の母国語以外の言語と人種に対して、ごく自然に接することができることだろう。政治的な打算があった時代でも、子供たちが違う人種、異なる言語と当たり前に接することができる、即ち今で言う国際感覚を生まれながら自然に身につけたことは、ウルムチ生まれの十四の「民族」の特権で特徴だったように思う。

管理局の中だけでなく、当時のウルムチを歩くだけで、少なくとも四、五種類の言語と異なる顔が目と耳に入ったものだ。日常の中で様々な言語と違う顔に出逢いながら、それを当たり前に生きる人々が住むウルムチほど、不思議で面白い町を私はまだ知らない。

父と母はムスリムの共産党員

父はウイグルの北のイリの出身だった。イリはロシアに近い国境の町であるため、ロシアおよび西洋世界の影響を受けやすい町として知られる。ウイグル一開放的で文明的な町とも言われている。

父はイリで小中高一貫の名門校に通い、高校卒業してから当時のイリのウイグル人のエリートたちと同じようにソ連に留学し、モスクワの工業大学の鉱山学部に進んだ。そして卒業と同時にウルムチに戻り、今度は中国の西安にある工業大学でさらに二年間勉強した。そのおかげで、中国語とロシア語が堪能だった。そして、中国共産党によって指名され、今の職場で働くことになったらしい。

母はウイグルの南の無花果（いちじく）で有名な町、アトゥシで生まれた。そこは歴史が非常に古くウイグルの近代史において有名人が多く出る場所でもあった。母はこの地で代々続けられてきた古（いにしえ）からの鍛冶屋一族の令嬢であったという。

地元の高校を卒業した母は、ウルムチにある新疆大学の哲学科に進んだ。私は父の実家をさほど知らないが、母の実家のこの鍛冶屋は私の成長に大きな影響を与えている。

西安の大学を終えウルムチに戻った父は、新疆大学に講演に行き、そこで新疆大学の学生だった母と知り合い、二人は結婚したそうだ。

父の出身地であるウイグル最北端のイリが、ウイグルでもっとも西洋文化の影響を受けた開かれた町であるのに対し、母の育ったアトゥシは、正反対の最南でウイグル色が最も濃い、比較的西洋文明に抵抗感がある敬虔なイスラーム教徒の町である。ウイグルは昔から縦の交流関係が盛んであると言われているように、ウイグルの人々は北と南で互いの文化に対して憧れを抱いている。それは不思議なことに今も昔と全く変わらない。互いの良いところを勉強し、生活を豊かにすることに徹している素敵な関係であり、その関係は奥深く面白いものだ。北と南の互いの良い文化を吸い込む関係は、ウイグル人社会の発展の一因であることは言うまでもない。

これは今に始まったことではない。歴史的にもそうであったことを、私は日本の中央アジア学者の間野英二先生の著書『中央アジアの歴史』で読んで知った。父と母の結婚にもこのような北と南のウイグル人の「互いへの憧れ」的なものが大きかったのではないかと私は推測している。

ウイグルは豊富な地下資源（石油、石炭、天然ガスなど）がたくさん埋蔵されている、中国最大の地下資源の宝庫としても知られているが、父はこの地下資源を探すエンジニアとして働いていた。家を空けることも、長期に地方に行くこともしばしばあった。仕事が大好きな様子だった。

母は新疆大学の哲学部を卒業し、そのまま大学に残って講師として働いていた。哲学といっても、ほとんどマルクスとレーニンの教えを極める哲学を専門としたようであった。当時の中国では哲学といえば、おそらくマルクスとエンゲルスやレーニンを習うのが王道とされた。他の西洋哲学は影も形もなく、あったとしてもそれはブルジョワの腐った思想の産物と否定されていた。家には、マルクスやエンゲルスとレーニンのウイグル語に訳された全集を始め、毛沢東全集、語録などが並べられていた。母も中国語を話すことができ、中国の本も何不自由なく読んでいた。

父と母は共産党員だったが、家では共産党と政治の話を、少なくとも私の目の前ではしたことがなかった。しかし、彼らは敬虔なムスリムであったことは確かである。私は家の中で食べ物をこぼすと、父は丁寧にそれを掃除しながら、私にこう言った。

「食べ物を粗末にすることは、アッラーが最も望まれないことだ。一滴も一粒も粗末にしてはならぬ」

父は、金曜日の朝やイスラームの祝日などに近くのジャーミー（モスク）に行って、集団礼拝に参加していた。毎年のラマダンもきっちりこなした。母は毎週の金曜日に、先祖を供養する食べ物を作った。イスラームの教えは、もはや彼らの価値観や思想の一部になっていて、母と父の血と思想の中に、ムスリムとしての本質的な優しさや正義のようなものが常にあるのを私は感じていた。

「新疆ウイグル自治区」という特殊な環境の中では、彼らは共産党員であることを形式として受け止め、多くは考えないようにしていたと思う。またあの時代は、そのようなことが許される社会的雰囲気があった。中国がまだそれを許さないほどの力と経済力を携えていなかったからである。

一九八〇年前後のウイグルの政治と社会

ウイグルの人々の暮らし、あるいはその社会と文化の歩みを知るために、その時代の中国の政治を知らなければならない。なぜなら、中国の政治的な空気によってウイグルの様子が刻一刻と変わるためである。中国の歴史と政治の歩みをウイグル社会に照らし合わせて知るのは、ウイグルを理解する上で必要不可欠な条件である。従って、まず当時の中国の政治状況について述べることにする。

私が幼少期を過ごした一九八〇年代は、文化大革命がちょうど終わり、疲弊し切った社会と人々が文革が残した傷跡を社会的、そして心理的にどのように癒して行くべきか、政治の顔色をうかがいながら模索していく最中でもあった。漢民族社会と同じように、あるいはそれ以上にウイグル人社会にも文化大革命の傷跡が甚だしく残っていた。

中国政府は、一九八〇年代のはじめに「民族文化復興政策」を打ち出した。この政策によって、それまで強いられた「中華民族の文字統一政策、つまり漢民族は漢字を捨てピンインを使う。少数民族は自分の文字を捨てピンインを使う。まずは同じ文字で全国を統一する」というスローガンが廃止された。これにより、ウイグルアラビア文字が復活した。

この時代は、入植される漢民族に対しても、彼らがウイグル（新疆）に来る前にウイグル人を始めとするムスリムの「少数民族」と摩擦を避けるように、イスラームの生活様式や考え方を尊重するように「新疆教育」が徹底的に行われた。これは中国の「少数民族政策」における、非常に緩やかな一つの黄金時代と言われる時代でもあった。私の子供時代は、まさにこのような極めて珍しい「平和」な時代で、少なくとも一時的、そして表面的だったかもしれないが、平和で静かな時間の中で楽しく過ぎていた。

「国家エネルギー省新疆管理局」は、北京から来た高級幹部の漢民族が七割、ウイグル人をはじめカザフ人、モンゴル人、回族やキルギス人、ウズベク人、そしてタジク人といった他民族が三割ほどだった。政府のこの重点的な機関は、あくまでウイグルのエネルギーを対象としているのにもかかわらず、「民族政策黄金時代」における「新疆ウイグル自治区」

であっても、やはり職場においては、ウイグル人を始めとするこの地の主であったテュルク系の人々の比率が非常に少数であったことは忘れないでいただきたい。

一九八〇年代には、中国の重要な政策である「一人っ子」政策方針が打ち出されたが、ウイグル人を含むいわゆる少数民族には、二人までという「優遇政策」が採られた。政策は始まったばかりで、ウイグル人社会にはその悲惨な結果が表に現れてはいない時期でもあった。

漢民族側は、この時期からウイグル人に対して、「なぜ彼らばかり政府に優遇されるのか」と腹を立て、ウイグル人に対する鬱憤を腹の底に溜めていたようだった。彼らは決して、もともと増え過ぎているのが漢民族自身であるのに、その犠牲を元々人口が少ない、土地が広いウイグル人が担わされていることの理不尽さを考えようともしなかった。

一方、ウイグル人はウイグル人で、一人を産んで四年後にもう一人を産むべきであると決め込まれたこの「優遇政策」について、心のどこかにおかしさを感じていた。

この「計画出産政策」は、医療が遅れていて、子供はアッラーからの授かりものであるとするイスラーム教徒のウイグル人には適しない政策であった。ある新疆大学の学者が密かにウイグル人の仲間内で「一九四九年からウイグル人の人口が増えていないにもかかわらず、計画出産政策を実施するのはおかしい。これはウイグル人を絶滅させる陰謀の始まりだ。自治権を使ってこの政策を拒否すべきである。ウイグルは中国に石油や石炭、天然ガスをあげている。生産建設兵団も中国の軍隊もウイグルに住まわせて、核実験もウイグルの地で行っている。多大な犠牲を払っているのにもかかわらず、このような計画出産政策を強いられることは、私たちウイグル人を絶滅させる狙いがある。自治区としての権利はもはや見せかけのものだ。民族団結などは嘘だ」と講演を繰り返していたことが、父や母の間で密かに話されていた。それを盗み聞きしたことだけ覚えている。

しかし、文革が終わり、冤罪になったウイグルの知識人の職が回復され、奪われた財産や家も戻され、ウイグル語やウイグル語教育が復活し、市場経済も回復していた。当時のウイグル人は、新疆大学のウイグル人教授の講演内容が示す未来を案じつつも、目の前の民族文化復興政策に安堵して喜んでいたようでもあった。ウイグル人への計画出産政策も実施されたばかりで、その悲惨な結果が表に現れるまでの、しばらくの間の平静な時期でもあった。

ウルムチという町

日本ではウルムチはあまり知られていない。意外に思う人が多いかもしれないが、実際のところ、ウルムチは中央アジアにおける最大の文化的大都会である。

ウルムチが大都会として備える要素は、私個人の意見では、その高層ビル群や人口の多さ、商業と交通の便利さ、規模の大きさなどの物理的なことに加え、そこに暮らす人々の文化的資質の高さとその精神の豊かさにある。

地理的に、ウルムチは天山山脈の北の麓に位置し、雨と雪の量が多い天山山脈からの雪解け水が、ウルムチ郊外の南山地区に豊かで美しい草原をもたらし、草原には遊牧のカザフ人が多く住んでいる。郊外には、かの有名な観光地「天池」がある。天候には比較的恵まれた美しい町である。

私が皆さんに一番伝えたいウルムチの面白さは、ウルムチに暮らす十四の異なる民族、即ち言葉も宗教も考え方も違う人々の織りなす不思議で魅惑的な暮らしである。

それを語る前に、ウルムチの政治と歴史に言及しておこう。まず、政治の顔としてのウルムチは、中国領「新疆ウイグル自治区」の首府、中国の西の最大の交通の要衝である。ウルムチのギネスブックに載っている記録は、「世界で海からもっとも遠い都市」ということ一つのみである。

ウルムチの都市としての歴史は、二百六十年ほどしか経っていない。比較的新しい都市である。十八世紀に清朝の乾隆帝がこの地域を事実上征服し、この地に城壁を設け「迪化」と名付けた。これは「順化」という屈辱的な意味を含んでいるため、後に「ウルムチ」という昔の名を使うようになった。

都市として城壁が建てられる遥か前から、天山山脈麓の草原地帯を中心とした景色が美しい、水が豊富なこの土地に人々が住んでいた。そのころから呼ばれる「ウルムチ」というこの地の名前は、モンゴル語の「美しい草原」という意味と言われるが、昔からこの地に住み続けているウイグル人はその説を否定する。私はその人たちから、「この地域の谷に、天山山脈からの雪解け水が流れてくる渓流が多く、その辭に柳がたくさん育つ。その柳のしなやかな長い枝で、様々な生活用品を編んで暮らす人々をさす、ウイグル語の動詞『orumchi（編む人々）』から来ている」と聞いた。

中華人民共和国が建国された一九四九年以降、漢民族がこの町に多く入植した。二〇〇二年には、ウルムチにおける漢民族の人口は、総人口の八割近くまでになっていた。私が生まれ育った「国家エネルギー省新疆管理局」の中で働いている人たちは大多数が漢民族だったが、ウルムチの町には当時まだウイグル人が多かった。当時のウルムチはやはりウイグル・ムスリム文化が主流だったような記憶がある。

子供時代のウルムチで最も印象に残っているのは、ウイグル語の本屋と食べ物屋である。父はよく私を連れて外でご飯を食べていた。父は、ある日の朝には私を回族の店で鶏ガラお粥と小葱油饅頭を食べさせ、またある日にはカザフ族の店でチャイとカザフ族自家製のチーズや丸い小さいナンを食べさせた。タタールの店にオムレッツとハンバーグを食べに連れて行く日もあれば、ウズベク人のポロを食べに行く日もあった。私は各民族の店の味と文化的な魅力にどっぷり浸かって幸せで楽しかった。

違う文化が持つ神秘的な魅力の違いは、今も同じように感じることがある。ハラールではないから漢民族の店には行かなかったが、決まって八月十五日にハラールの月餅を食べ、月見の話と漢民族の神話なども聞いた。外に出るだけで自然に様々な言語が聞こえ、様々な民族の食文化にごく自然に触れる町としてのウルムチの奥深い文化的な空気は、今でも私は世界で一番だと思っている。

親友はモンゴル人と漢民族の子

小学校に入る前にいつも一緒に遊んでいたのは、モンゴル人の男の子、漢民族の男の子二人、ウズベク人の女の子、タタール人の男の子、カザフ人の女の子だった。その中でも一番仲がよかったのは漢民族の小強とモンゴル人のマンデラだった。私たちはそれぞれ自分の言語で互いに話していた。私はウイグル語で、小強は中国語で、マンデラはモンゴル語で話していた。またそのことを当たり前に思っていて、互いの言っていることを完璧に分かっていた。またそれは大変心地が良かった。

マンデラの父と私の父は親友で同じ職場にいた。マンデラの母は確か大作家で、マンデラは彼らの一人息子だった。マンデラの親は私のこともとても可愛がってくれ、いつも美味しいものを握らせてくれていた。そしてマンデラのモンゴル語を完璧に理解している私をいつも褒め、不思議がっていた。私はマンデラの家によく遊びに行った。家族ぐるみの濃厚な関係だったように覚えている。

ある日、私の父とマンデラの父が豪快にお酒を飲んでいた時に、マンデラの父はモンゴル語の歌を歌いながら父に酒を注ぎ、「今のモンゴル人は右の翼が歌、左の翼が酒である」と言った。父はすかさず「チンギス・ハンは馬と武器を翼に世界を征服したのに、今のお前らの翼は酒と歌か、随分落ちぶれたものだ」と冷やかし、マンデラの父もすぐに「人のことを言える立場か。そう言うウイグル人のお前らはどうなのか」と答え、二人とも笑っていたのを覚えている。会話はモンゴル語だったが、私には子供ながら全部わかった。

マンデラの父は、その後新疆のバインゴルン・モンゴル自治州のトップになって、コルラ市に引っ越してしまった。その後マンデラと会っていないが、時々思い出す。モンゴル語はもうさっぱり忘れてしまった自分が情けない。

子供の時代を一緒に過ごした子供たちの中で、ウズベク人の女の子は、後にウズベキスタンに渡ったと聞いた。タタール人の金髪碧眼の男の子は、後に新疆大学に入ったことだけは知っているが、その後の消息はわからない。

カザフ人のジャーナルも高校時代にたまに会ったけれど、その後はわからない。漢民族の男の子二人のうちの一人は、後に私と同じく上海の大学に進んで、その後アメリカに行った。今は家族と一緒にニューヨークに住んでいる。もう一人のもっとも仲の良かった小強は、新疆軍区のトップに近い位置に昇ったと聞く。彼とはマンデラの次に仲が良かったため、彼の話を少ししたい。

小強こと王国強は、「中国エネルギー省新疆管理局」のトップの息子だった。保育園も一緒で、よく一緒に遊んでいた。彼は子供の時から本を読むことや勉強が大嫌いだった。そして、勉強や学習を嫌う態度を隠そうともしない堂々たる性格だった。小学校は別々だったが、後に、私は彼と一緒にウルムチの唯一の重点中学校を受験した。彼はトップの成績でその中学校に合格を果たし、私には「親父の力だよ」と自慢し笑っていたが、結局授業についていけなくなって、段々と欠席するようになった。中学校三年になるとほとんど学校に来なくなっていた。

ある日、学校から預かった重要な通知を彼の家に届けるように先生から言いつけられた。私は、恐れながらも「中国エネルギー省新疆管理局」のトップである王局長のマンションに伺った。驚いたことに、マンションの外からは決して見えないが、入り口に若くてハンサムでやはり完全武装した護衛が二人立っていた。彼らはウイグル人の私を見て少し驚いた様子だったが、笑顔でそして無言で「どうしたの？」と聞くような合図をした。雰囲気は厳かだったため、小さな声で事情を告げ、宿題を渡して帰ろうとした。その時部屋の鉄のドアが開いて、普段よりも一段と態度がでかくなったような王国強の頭が見え、「入って、入って。渡すものがある。先生に届けてくれ」と言った。その言葉で、私は生まれて初めて漢民族の家にお邪魔することになった。

私が通された部屋は会議室のようにも見える、広々とした殺風景な部屋だった。入った瞬間何か独特な匂いを感じた。その匂いは、やはりウイグル人家庭の草花の匂いが混じる清潔で暖かい清々しい匂いとまるで異なる匂いであった。会議室のような部屋の真ん中に、王局長が新聞を広げて読みながら座っていた。想像さえしなかったが、王局長は非常に細くて、顔が皺くちゃで、歯が不揃いの初老の人だった。王局長は北京中央政府の老子号領導の子孫と噂で聞いていた。

王局長は、部屋の中に入ってきた私を両手で広げた人民日報の上からなんとも言えないような不気味で鋭い目線で眺め、純北京方言の中国語で私に「偉大な我が党のおかげで、少数民族幹部の娘も良い学校で頑張っているのは良いことだ。党への感謝を胸にもっと勉学に励み、将来国と党に恩を返せるような有意義な人材になるために励みなさい」と言った。

王局長の挨拶がわりの長い言葉を聴きながら、私は彼の長く伸びきった爪を眺めて、凄く不愉快な気分になっていた。この言葉はいつもどこかで漢民族に言われる言葉で、子供の私でも到底納得できるものではなかった。私は中国語という違う言葉の壁を越え、漢民族の学校でトップの成績で頑張っていると親や親族にチヤホヤされていたために、この言葉を聞く度に不愉快に思っていたものだ。私は王局長に口応えはしなかったものの、いい大人だから爪を切ればいいのに、服もダサい、このような爪も切らない、そして狐のような醜い漢民族老人の部下として働く、ハンサムで長身、髪が薄い茶色で天然パーマの父を思い浮かべ、なぜか父を不憫に思った。

この重苦しい雰囲気が、次の瞬間思わぬ形で壊れた。まず、部屋の中に茉莉花（ジャスミン）の良い香りが漂い、柔らかな優しい中国語の声が入ってきた。

「あなたですね。ウイグル人でありながら学校一優秀と噂で聞いています。いや、綺麗な娘さんだね。このワンピース、凄く素敵。ロシアから取り寄せたの？　それともだれかが作ってくれた？」

まだ何が起きたかわからない間に、生まれて初めてみる美しい漢民族の女性が、私の目の前に現れた。背が高くてほっそりしていて、肌がこの上なくキメ細やかで、肩までの髪が真っ黒でツヤツヤしていた。国強の母であった。彼女はごく自然に私を抱きしめ、「よくきてくれた。やっぱり女の子は可愛い。髪の毛が柔らかくて綺麗。シルクみたいに柔らかい」と私を褒めまくった。そして私を別の部屋に連れて行った。

そちらの部屋の雰囲気は、先の部屋と変わらなかったが、絵を半分まで描いてあった大きなキャンパスが置かれていた。その近くに絵を描く道具が一式揃えられていた。部屋の中に、かすかにまだ乾ききってない色彩の匂いがあった。彼女は私を椅子に座らせ、私の手に飴を握らせ、私の顔をしばらく覗いた。そして言った。

「日曜日に来なさい。あなたの絵を描きたい」

私は驚き、嬉しかったが、「母に聞いてみる」と答えた。中学校の授業で勉強した中国四代美人である春秋時代の西施、前漢時代の王昭君、後漢時代の貂蟬（ちょうせん）、唐時代の楊貴妃らにさかのぼるルーツを、私は十二歳の時に初めて王国強の母を通して知ったことになる。彼女は本当に美しくて素敵な人だった。

国強の母が私の絵を描く話は、私が家に戻った時にはもう電話で父の了承済みという形になっていた。それから私は、何回か彼女の絵のモデルになった。その年の初雪が降ったある冬の日、その絵が完成した。絵を見た私は不思議な感情に襲われた。その絵は十二歳のウイグル人の少女が描かれていたが、その中にその漢民族の彼女自身をはっきり見て取れるような不思議な絵だった。私は彼女に「この絵は本当に綺麗です。私にもそしてあなたにも似ています」と言った。彼女は笑ったが何も言わなかった。

私は今でもあの美しい絵のことを時々思い出す。中学校の卒業式に来た王国強は、学校の帰りに私に「私は軍に入る。あなたは北京の高校に行くらしいね。私の分まで頑張って勉強して博士になってくれ」と言った。

私の幼少期の友人、小強よ、私は日本で博士になるまで勉強した。しかし、あなたは新疆軍区でトップになったそうですね。私はあなたに何と言えばいい？　ウイグル人を無闇に捕まえるのはやめて、強制収容所を閉鎖してと頼むべき？ 国強の言った通り、私は北京の高校に進学し、その後、上海の大学に進んだ。彼とはその後一度も会っていない。

今のウルムチの子供たちはどうなっているか分からない。民族間の対立で敵対感情を抱いているのか、あるいは漢民族になるために教育されているかどちらかだと思う。しかしこの私の子供時代の体験が、たぶん多民族が一緒に暮らすウルムチの原風景であると思っている。

母の実家は古の鍛冶屋一族

私の母の実家は、ウイグルの南の無花果で有名な町アトゥシにあり、その町で十七代続いているとも言われる老舗の鍛冶屋だった。私が小学校を卒業するまでの夏の間、私はウルムチを離れ、祖父母の家で過ごすことが多かった。

祖父は村の小学校の校長も務めていたために、家に本がたくさんあった。祖父母の家は伝統のウイグル彫り（木や建物自体に鎌倉彫のような美しい彫り）を施して作られた美しい大きな屋敷だった。

馬が大好きな祖父は、屋敷の中で何頭かの駿馬を飼育していた。私は怖くて馬に近づくことは出来なかったが、馬小屋の外の、馬が見えるところに椅子を置いてもらって座ったまま、ずっと馬を眺めているのが好きだった。

屋敷には広い果樹園が隣接していて、無花果をはじめ、石榴や杏、葡萄などが作られていた。この家は迷宮のような家だった。その原因は、家の大きさと造りの入り組んだ複雑さだけでない。そこには昔からの不思議なものがたくさん置いてあって、それにまつわる物語が大変面白かった。私が一番好きな物語は、美しい模様がぎっしり刻まれた、開かずの鉄の箱にまつわる物語だった。その箱は、また家業の鍛冶屋と職人の守り神としても、大切に保管されていた。

祖父によれば、祖先は遥か遠くから、鉄をいっぱい入れた袋を馬に載せて、パミール高原と氷山を越えてこの地にやってきた。祖先の一人のエズーズ氏は、鉄を知り尽くした匠であり、邪悪な鬼も切り倒せる、鉄の剣を作る技術とともに、剣術に優れた英雄でもあったとのこと。彼はある夜、人間を襲った鬼を退治し、鬼の自慢の美しい髪の毛を切り落とし、肌身離さずに持ち歩いた。鬼は髪を返してくれと頼んだが応じず、最後に鬼に、この地域の鍛冶屋一族やそのゆかりの人間を決して傷つけないとの誓約書を書かせてから、鬼の髪の毛を返した。この地域にいる限り、悪事は起こらず、皆が守られるということだ。その誓約書がこの箱の中に入っているという。

話が真実か否かはわからないが、幼かった私は、その後から今まで鬼が出そうな暗いところが、全く怖くなくなったことだけは確かである。私の母の実家にまつわるこの話を、今でも時々思い出す。

興味深いのは、私の祖先が鉄を持って、遥か遠くから中央アジアのオアシスにやってきたことである。遥か遠くというのはおそらくペルシアではないかと推測する。

私は日本に来てから初めてペルシア人と接触し、その文化を知った。彼らに「あなたはイラン人か」と聞かれるたびに、私の祖先とペルシアの繋がりについて確信を持てるようにはなったが、その経緯については全く手がかりがない状態である。

この鍛冶屋一族が住む集落は「ギュルトペ・マハッラ」と呼ばれていた。ギュルトペを日本語に訳すと「花の丘」という意味になる。つい最近、私はたまたま読んだ日本の経済学者・関岡正弘先生の『マネー文明の経済学』という本で、この名が世界最古の貿易文書を出土していたトルコの地名（キュルテペ）と似ていることがわかった。この二つの似た地名に何か関連性があるかどうかはわからないが、気になるところではある。

その名の通り、ギュルトペ・マハッラは小高い丘の上の集落であり、人々は丘のほぼ真ん中を通る大きな通りの両側に屋敷を構えていた。集落のあらゆるところに水路があり、水路が作られる時には、両側に白楊木（どろのき）の苗が植えられる決まりがある。ウイグル人の家に入るときには、その水路に架けられた家々固有の綺麗な橋を渡るが、どの家も果樹園が隣接している。これは、夏場に取れた杏やリンゴ、無花果などをドライにして、長くて厳しい冬を過ごすためのビタミン補給源にもなっている。

私が小さい時に、鍛冶屋一族は美しい鉄のベッドや鉄の窓の防犯柵を作っていた。ベッドの花形の飾りの作り方は、まず砂を湿らせ、その砂の中に型を埋め込む。そして砂の上から穴を空け、溶けた真っ赤な鉄を流し込むのだ。このようなやり方はウイグル独特なものかどうかはわからないが、大変不思議であったことは覚えている。

私がギュルトペ・マハッラで過ごしていた期間は、ここに漢民族は一人もいなかった。マハッラの人も漢民族を見たことさえなかった人がほとんどだった。

しかし、私が中学一年生の夏休みに行ったときには状況が一変していた。ギュルトペ・マハッラの町長が、なんと河南省から来た漢民族に代わっていたのだ。彼の親族と側近を含め二十人の漢民族が、ギュルトペ・マハッラの役場の近くに住むようになっていた。

母の実家であるこの鍛冶屋は、二〇一〇年にその何百年の職人の歴史に幕を閉じ、今はもうない。後継がないのが一因と表面的に言われているが、ウイグルが中国に組み込まれ、その制度の犠牲になった最も鮮明な悲劇的な例でもある。鍛冶屋一族が盛んだった時期は、ウイグル人家庭が農業用の馬と交通用の馬を何頭か所有していた。馬は蹄鉄を打って初めて使い物になると言われるが、馬の蹄鉄作りとその修理は鍛冶屋一族の最も主な仕事であった。

しかし、一九九〇年代からウイグル人家庭が所有する馬の数は劇的に減ったのである。その原因はまず、馬に与える餌としての苜蓿(ウマゴヤシ)畑に水が圧倒的に足りなくなった状況から始まっていた。一九九〇年代後半からウイグルの南の村で慢性的に水不足が発生し、農作物や果樹園用の水、そして飲み水までもが不足した。たくさんの苜蓿畑が枯れ、馬に与える餌がなくなり、たくさんの人々が馬を飼うのを辞めざるを得なくなった。村人の間で水の奪い合いで争いが起きて、昔のような団結した平和な暮らしがなくなっていた。

マハッラの外れに大量の漢民族が住み込み、マハッラの人々の畑が強制的に彼らに与えられた。マハッラのはずれに住む一家が襲われ、奥さんがレイプされ殺され、旦那が殺される事件が起きた。政府がマハッラに生産建設兵団の牢屋から逃げた三人の悪質な漢民族の写真を貼ったばかりの頃の出来事だったが、犯人は未だわかっていない。

私はその後、上海の大学に入った。大学生の時に、漢民族のクラスメートの女の子たちを連れて村に行った。しかし、かつての女性は家事と刺繍に励み、男は鍛冶屋で火花を散らかして真っ赤な鉄を好きな形に打つ賑やかな雰囲気はなく、すべてが色あせ、すべてが古びて寂れていた。

日本に来てからウイグルの置かれた「生産建設兵団」の位置を地図で見たときに、すべてが明らかになった。水源と土地が良い場所にはすべて生産建設兵団が置かれていた。また全国から犯罪者や娼婦、そして退役軍人が生産建設兵団の中核として入植していることを知った時、マハッラで起きたあの一家殺しの残虐な事件だけではなく、ウイグルで起きた様々な衝突の本質が見えてきたのだった。

日本へ

高校を卒業するまで、私は建築家になりたいと思っていた。なれると信じて疑わなかった。

ウルムチの家の快適さと明るさ、アトゥシにある母の実家である祖父母の家の神秘さと美しさは、私の子供時代を豊かにしてくれた。そして、祖父母の家は人間を大自然の一部として自給自足を可能にしながら、人間が生活や人生に飽きないで生きて行ける、また過酷な環境から人間を守る多機能な家だったと今でも思っている。

ウルムチの家は、大自然から光を取り入れた開放感のある実に快適な家だった。ウイグルは月と星空がこの上なく綺麗な場所だが、ウルムチの家は南向きの大きな窓を通して、このウイグルの夜空の美しさを家にいながら鑑賞できた。満月の明かりが、夜中にレースのカーテン越しに母が育てていたゴムの木の大きな葉っぱに注ぐ美しい光景を、私は一生忘れることができない。

私は知らず知らずのうちに、祖父母の家と私のウルムチの実家のこの二つの建築様式を一緒にした家を作れば、ウイグルの農村の家の光が入り難い最大の欠点をカバーできる、ウイグル人にとって最も住み心地の良い家ができるのではと思っていた。

私は中国でトップの大学の建築学科を目指しながら高校生活を送った。しかし、高校三年生の時に担任に特別に手渡しされた「ウイグル人用進学用紙」を見た時に、私は唖然とした。ウイグル人が申請できる大学と専科はあらかじめ決められていて、「幼児教育」「外国語」「経済数学」のみと記されていた。それを見た時の絶望感は一生忘れられない。

ウイグル人の私は、漢民族の国で生きることの現実をその時初めて知った。同時に「少数民族」である私の人生を全て決めてしまう彼ら共産党の尊大さを突きつけられた瞬間でもあった。それまで薄々気づいていたのだが、どこかでそれを信じていなかった。その現実を受け止めずに、あたかも他の皆と同じように生きているように望み、その挙句、現実に目を瞑り、自分を騙していたのだったということもわかった。

飛び級するほど成績優秀だった私の成績は、何の意味もなかった。心の中が冷め、すべてが嫌になった。

私は家にある父のロシア語の本でも読もうと思って、上海の大学のロシア語学科に進学することに決めた。クラスには、上海人を含む中国各地から来た女の子が七人いた。寮も一緒だった。クラスメートの漢民族とは大変仲が良かった。

大学三年生の時に、私はクラスメートの七人の女の子を連れてウイグルを旅した。私たちはウルムチからトルファン、イリ経由でバスと汽車を乗り継ぎ、ウイグルの南の果てのパミール高原まで行った。パミール高原の奥地の村の美しさを聞いて、行ってみることにした。

険しい山と森に囲まれたその村は、一年中深い雪に囲まれ、夏の間の三ヶ月間だけ外の世界と繋がる山奥の村だった。師範大学在学中の私たちは、自然と村の小学校に行ってみた。村には小学校しかなく、中学校と高校は村から車で一時間もかかる町にあるために、ここの子供たちは小学校を卒業すると、町の寄宿学校に移る必要があり、十二歳前後で親元から離れることも知った。私も十二歳で親から離れ、北京の高校に行った。なぜかここの小学校の教師になり、十二歳で親から離れた先輩としての経験をこの子たちに教えてあげたいと強烈に思った。

ウルムチに戻った時に父親に相談したら、大喜びで私に車を買ってくれる約束をした。そして村の橋を直すように私に大金を渡してくれるとも約束してくれた。しかし父は、こう言った。

「大学を卒業しただけでは子供たちに教えられることは限られている。どこか文化的な外国にしばらく留学に行ったら、その外国のことや文化も教えられる。そのほうが、子供たちは喜ぶだろう」

私は父の言葉の通りだと思った。そして日本に留学することにした。しかし、その後ウイグルの政治状況が激変したために、今はまだ帰れていない。いつかあのパミール高原の小学校の教師になり、ウイグルの子供たちをきつく抱きしめてあげられる日が来ることを夢見て、今を生きている。

中央アジアおよび東アジアの地図

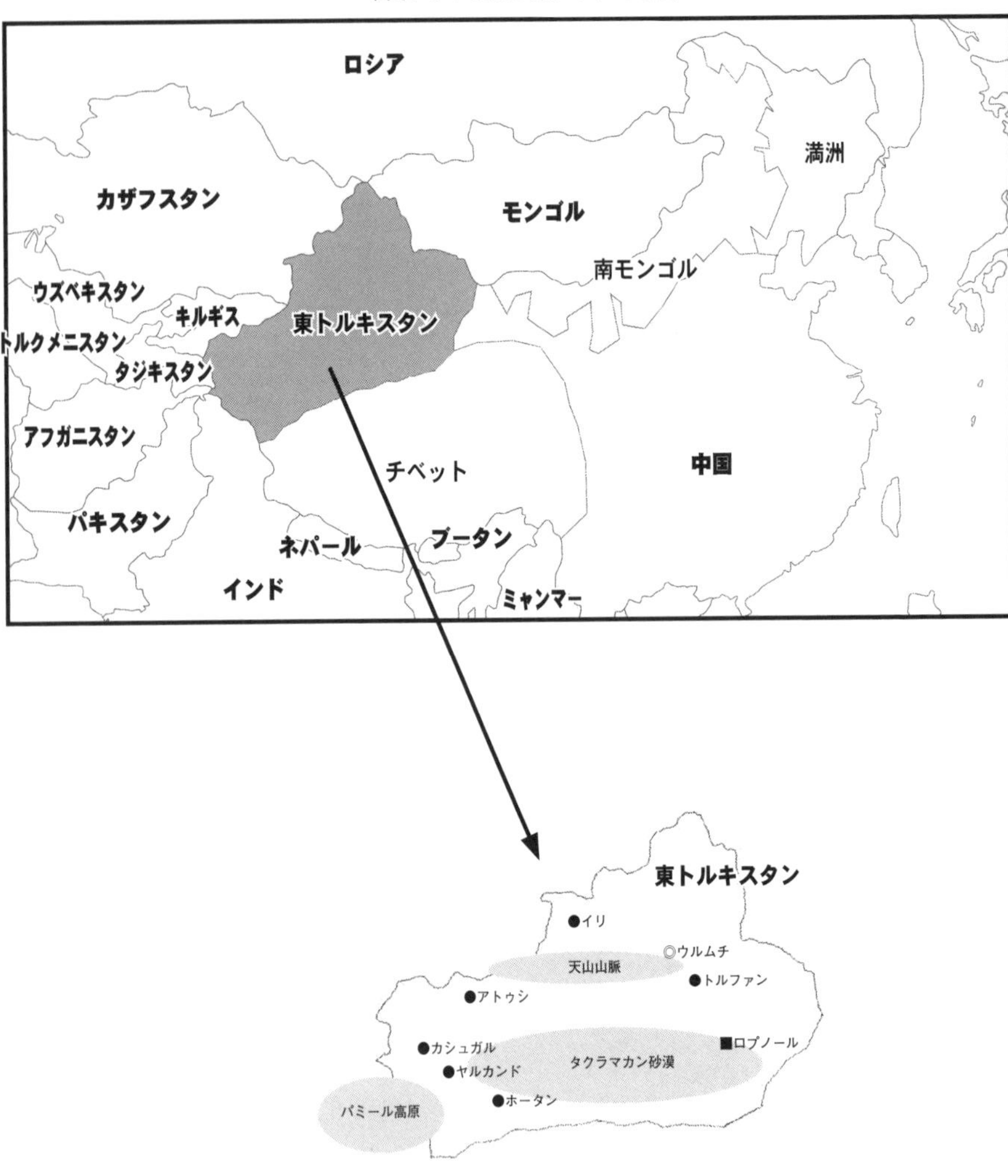

東トルキスタンの地図

第二章　東トルキスタンの三度の独立と挫折

ウイグルはなぜ中国の植民地になったのか

日本では「シルクロード」の名で東西交渉路の要衝として親しまれ、特別な「ウイグルロマン」を漂わせる東トルキスタン。地理的には中央アジアの東半分を占め、言語文化的にはテュルク系民族のイスラーム文化に属し、言語はテュルク・アルタイ言語系のウイグル語を話す人々が暮らす極めてユニークな相貌のこの土地が、なぜそれとは全く異なる中国の政治と領域に組み入れられ、中国の植民地下に置かれているのだろうか。

ウイグル人側の「東トルキスタンは、中国共産党政府が不法に侵略した土地であり、侵略政府とそれによって違法に入植した漢民族は、直ちにこの土地から出て行くべき」との主張に対して、中国政府は「新疆ウイグル自治区は、昔から西域と呼ばれていた我が国の古からの不可分の固有の一部である。新疆に暮らす各民族は幸せに暮らしていて、共産党の政策に感謝している」との主張を貫いている。また、ウイグルで起きている抗議運動などについても、中国政府は一貫して「偉大な祖国を分離させるための企てであり、ごく一部の悪質極まりないテロリストの仕業である」との強硬な姿勢を崩していない。

中国のこのような「主張」を支えているものを、中国という国の在り方を踏まえながら検証を重ねていくと、その目的がはっきりと見えてくるが、その前に、ウイグルの歴史を辿りながら、ウイグルがいつどのようにして中国の植民地になったのか見てみよう。

はじめに、日本で言われる「ウイグル」「東トルキスタン」などの固有名詞について説明する必要がある。日本では通常、私たちの民族名である「ウイグル」が地名としても使われる傾向があるが、「ウイグル」は地名ではない。私たちウイグル人の人種、民族の名前である。

私たちウイグル人が住み、中国政府が「新疆ウイグル自治区」と呼ぶ土地の正式な呼び名は「東トルキスタン」である。「トルキスタン」とは、「テュルク系の人々が住む土地や場所」を表す。十九世紀に、ロシアにトルキスタンの西側（今のウズベキスタン、カザフスタン、キルギス、タジキスタン、トルクメニスタン）が支配されたことにより、残された東側が「東トルキスタン」と呼ばれるようになった。

二十世紀になると、この地でウイグル人を中心としたテュルク系ムスリムにより二度にわたって「東トルキスタン」を国名にした独立国家が誕生する。この歴史は今の「中国共産党」にとって「古からの固有の領土」との真っ赤な嘘を真っ向から否定する都合の悪い、そして歪めて消し去りたい歴史であるがために、この名は政治的な意味を持つ禁句となった。

日本で「ウイグル」と呼ばれているのは、このような様々な現実問題を踏まえた中庸な呼び方であるようにも思えるが、それとは全く関係なく、日本人が暮らしているから「日本」で、ウイグル人が暮らしているから「ウイグル」として定着している素直な呼び名であるようにも感じている。

東トルキスタンの歴史

ウイグル人の部族が部族連合から氏族へと発展し、最終的に民族に至るまでの歴史の道のりは非常に長く複雑で、幾多の大きなできごとがあった。この長く複雑な歴史の過程は彼らの経済生活、社会生活、社会組織、風俗習慣、民族性、言語の発展、つまり民族構成に対して決定的な影響を与え、なおかつ彼らの独特な文化の発展においても、その成り立ちから成立に至るまで、深い影響を与えている。

ウイグル民族の構成中、最古の部族は紀元前三世紀、匈奴の部族連盟の中にいた丁零（ティンリン）である。史書では西暦四世紀に至ると袁紇（ユアングー）、五世紀には高車（カオチュー）と呼ばれている。その後、鉄勒（テュルク）、韋紇（ウェイグー）と呼ばれ、唐代の初期には回紇（フイグー）と呼ばれ、七八八年以降は回鶻（フイグー）と呼ばれていた。

これらはすべてウイグル部族連合の名称である。ウイグル人の部族連合は九部族から成り立っていた。ときには十になったこともある。これにより、歴史文献中に、「九姓烏古斯（トクズオグズ）」あるいは「九姓鉄勒（トクズテュルク）」と書かれることがある。古代の突厥（とっけつ）語文献中に「ウイグル」という名称が出現するのは八世紀になってからのことである。

ウイグル部族連合が形成される過程における伝説がいくつかの史書に書かれている。その中の一つが、「古代ウイグル族は紀元前一世紀ごろ二つに分かれ、二つのハン国となった。その中の一つが十姓ウイグルで、彼らは十条河流域に住んでいた。もう一つが九姓ウイグルで、九条河流域に住んでいた」というものである。

『ウイグルの神話』によると「最初ウイグル人は一つの王国に属していたが、そのあと分裂して二人の王を生み出した」とある。

西暦六世紀の中頃、ウイグル人は突厥ハン国（五五二～七四四）に従属していた。そして古代突厥文化すなわちオルホン・エニセイ文化を生み出し貢献していた。突厥ハン国が衰退し分裂すると、ウイグル部族連合は七四四年に政権をとり、ウイグル・ハン国（七四四～八四〇）が建てられた。突厥ハン国もウイグル・ハン国もかなり広範囲の土地を支配しており、支配権も強大で、高度な文明を持ち、積極的な活動を行った。古代ウイグル人の文字と記載文学の誕生は、まさにこの両ハン国の関係の中で興ったのである。

「ハン（カン）」とはモンゴル、テュルクなど北方遊牧民族の君主の称号で、中国語では汗、可汗と表記される。後代には統治者、重要人物の尊称としても使用されるようになった敬称でもある。

九世紀中頃、内部分裂やキルギス人の侵攻、自然災害などの歴史的、社会的原因により、現在のモンゴル人民共和国内のウテュケン山にあったウイグル・ハン国は国力が衰退し、政治文化の中心を西方、今の「東トルキスタン」に移すことを余儀なくされた。

歴史上、これは「ウイグル人の西遷」と呼ばれている。八四〇年のこの大移動の後、一部のウイグル人は河西回廊に至り、敦煌の仏教文化と千仏洞芸術の創造に貢献した。それ以外の大部分のウイグル人は移動を続け、中央アジアに至り、高昌ウイグル・ハン国（八五〇～一二五〇）とカラ・ハン国（九九二～一二一二）建国の重要な力となった。

詳細は第六章で述べるが、この二つのハン国は、ウイグルの文化史上、極めて重要な意味を持っている。この二つの王国は、ウイグル古典文学の礎となった。

高昌とビシュバリクを首府とする高昌ウイグル・ハン国は、北ビシュバリク（現在のジムサル）、南はクチャ、アクスまで、今日の東トルキスタン北部の大部分を統一して支配下に置いた。そしてこのことが、中世紀のウイグル仏教文化と印刷術の発明と発達に巨大な影響を及ぼした。高度に発展した仏教文化と仏教文学は、高昌ウイグル・ハン国の土地で生み出されたのである。今日のトルファンとクチャは、当時の文化の二大中心地であった。

カシュガルとバラサグンを首府とするカラ・ハン国の領土はさらに広大で、天山南部、セミレチェ地域（現ロシア・セミレチェ州）と中央アジアの大部分がふくまれていた。カラ・ハン朝はイスラーム教を国教と定めた。イスラーム教の地位が確固たるものになっていくと、この地ではウイグル文学も含め、イスラーム教の影響を受けたウイグル文化が生み出された。カシュガルがこの文化の中心地であった。

十三世紀の初めに開始されたチンギス・ハンの中央アジアへの遠征は、ウイグル人の祖先と中央アジアのその他の民族の社会政治制度、文化、生活すべてにわたって大きな変化を生み出した。モンゴル高原からカスピ海に至る広大な土地が「モンゴル帝国」の名のもとに統一されたことで、この広大な地域の各民族間の政治、経済、文化の関係は緊密になり、広範囲の文化交流がなされた。この結果、共通の文化、文学が生み出された。文学史上にチャガタイ文学が生み出された特殊な歴史時期なのである。

十五世紀にチンギス・ハンの末裔のあいだで内紛が生じ、モンゴル人が侵入して占領した土地で分裂と内戦が起こった。しかしウイグル人のほとんどは、もともと保持していた民族と行政区を完全に保っていた。一五一三年から一六七八年まで、ヤルカンドを首府とするカシュガル・ハン国（エルケン・サイディヤ・ハン国）が広大な地域を統一し、ウイグルは新しい繁栄の段階に入ったのである。

しかしこの繁栄は長くは続かず、度重なる内乱、そしてスーフィーなどのイスラームの宗教的な派閥争い、さらに当時清朝やロシアと同時に始まった貿易における利益主義第一の考えなどがウイグルを内面から弱体化させ、当時の清朝に隙を見せたのは事実である。

ヤクブ・ベグ政権による東トルキスタンの主権回復と消滅

東トルキスタンの植民地としての歴史は、清朝によりこの地が武力によって征服された十九世紀末からのことに過ぎない。

清朝全盛期に君臨した乾隆帝（一七一一〜一七九九）が、この地で起きていた遊牧国家ジュンガルの内乱に介入し、ジュンガルを滅亡させ、天山山脈の北と南のタリム盆地一帯を合わせた今の「新疆ウイグル自治区」の面積よりもやや広い範囲を制圧したのが一七五九年のことであった。この時から「ムスリムの土地」を意味する「回疆（Hoise jesen）」や「新しい土地」を意味する「新疆（Ice jesen）」と呼ばれるようになった。

ヤクブ・ベグ

一八六四年、清朝を東トルキスタンから追い出すために立ち上がったのが、ヤクブ・ベグだった。コーカンド・ハン国からカシュガルに入ったヤクブ・ベグは、当時ロシア領土だったイリを除いた東トルキスタン全土から清朝の勢力を追い出し、独立政権を樹立した。彼はロシア・イギリスやオスマン帝国とも関係を結び、イスラーム法に基づいた国づくりに励んだ。そしてバドレット・ハンと名乗った。

ヤクブ・ベグ政権を恐れた清朝は、一八七五年、左宗棠（さそうとう）率いる大量の軍を東トルキスタンに向かわせた。ヤクブ・ベグは抗戦を続けたものの、一八七七年、清朝との戦いの最中に急死した。暗殺とも、自ら毒薬をのみ自殺を図ったものとも、脳出血による自然死とも言われるが、その真相は不明である。

これにより、東トルキスタンは再び清朝の統治下に入り、一八八四年に新疆省となったのである。

東トルキスタン・イスラーム共和国の誕生と崩壊

一八八四年に新疆省という清朝の植民地として歩み始めた東トルキスタンに住むウイグル人は、その後の歴史の渦巻きの中で懊悩（おうのう）しながらも、抵抗・独立運動を繰り返してきた。

清朝の滅亡と中華民国の建国、そして英国とソ連などが東トルキスタンを垂涎の地として見る強か(したた)さの中に置かれていた。

そんな中、東トルキスタンの東のクムル地方で、ホジャ・ニヤズが蜂起し、一九三三年十一月十二日、再び主権を取り戻すことができた。この日カシュガルでウイグル人は東トルキスタン・イスラーム共和国建国を宣言し、青天星月旗が蒼穹(そうきゅう)にはためいた。

ホジャ・ニヤズが大統領に、サビット・ダーモッラが首相に選出された。東トルキスタン・イスラーム共和国は憲法を発布し、イスラームのシャリーアを基本法として定め、独自の通貨を発行した。当時の英国は中国国民党に肩入れをし、東トルキスタン・イスラーム共和国を承認することを拒んだとの記録が残っている。

しかし東トルキスタン・イスラーム共和国は、その軍事的な弱さを突かれ、一年足らずで崩壊を迎える。当時東トルキスタン・イスラーム共和国に手を焼いた国民党政権は、まず、ウイグル人と同じイスラーム教徒で回族の将軍の馬仲英に、東トルキスタン・イスラーム共和国を滅ぼし、甘粛省や東トルキスタンを領土に収めた回族だけのイスラーム王国を作るよう唆(そその)かす。馬仲英はイスラーム教徒でありながら漢民族であったため、当時回族だけが治められる土地が喉から手がでるほど欲しかっただろう。

誘いに乗った馬仲英は、騎馬部隊を率いて東トルキスタンに侵攻する。馬仲英の攻撃で敗走した大統領のホジャ・ニヤズは、当時の国民党政権に落ちのび、当時新疆省の実権を握っていた盛世才と妥協をする道を選んで、東トルキスタン・イスラーム共和国の解散に同意し、大統領を辞任して、新疆省の副首席に就任してしまう。

東トルキスタン・イスラーム共和国があえなく崩壊すると、共和国の母体となったホタン・イスラーム王国までもがこの馬仲英の軍に攻撃され、崩壊を迎える。ホタン・イスラーム王国のアミール（総督）であるムハンマド・イミン・ブグラは、精鋭の部下を連れてアフガニスタンに一時逃れる。このムハンマド・イミン・ブグラはウイグルの近現代史における有名な人物であり、「ウイグル人と東トルキスタンのために生きた国士」とも言われている。彼は後に在アフガン日本公使の北田正元とも外交関係を結ぶ重要な人物でもあるため、このムハンマド・イミン・ブグラという名前をどうか覚えていただきたい。

さて、ホジャ・ニヤズの裏切りに反発した首相のサビット・ダーモッラは、盛世才に捕まって処刑されてしまう。しかし、裏切りと欲望のホジャ・ニヤズも結局盛世才に処刑される運命からは逃れられなかった。

イスラーム王国の建国を約束された馬仲英の運命はもっと悲惨で、彼はソ連に捕まって、モスクワに連れていかれたまま、歴史の舞台から忽然とその姿を消したのである。

東トルキスタン・イスラーム共和国は、ムスリムによる同士討ちから、大統領を買収して首相をまず処刑し、それから孤立した大統領を処刑するという、巧妙ではありながら大体結末が予想できる作戦によって崩壊していったことがわかる。しかし、このぐらいの作戦に引っかかり崩壊を迎えた私たちの祖先のおめでたさには、唖然とするばかりである。敵はウイグル人の浅はかさ、愚かさを見通していたかのようで、歴史的に見ても作戦面ではさほど頭を悩ますことなく、従来ウイグル人に用いられてきたと言われる「そのもの自身の油で、そのものの自身の肉を炒める」という有名な作戦を使い「勝利」を収めていたことが見て取れる。

ムハンマド・イミン・ブグラ

東トルキスタン・イスラーム共和国とホタン・イスラーム王国は極めて短い時間存在し崩壊を迎えてし

まったが、その存在意義は極めて大きい。イスラーム教を背骨にしてウイグル人自身によって建国されたこれらの独立国家は、共産主義に対する私たちの立場が歴史的に示されていたことの証明であると同時に、ウイグル人の血に流れている自由と不屈の精神、そして侵略政権とその植民地下におかれることを受け入れない意志の証明でもある。

近年、ウイグル問題はこのような本質的な問題、つまり「東トルキスタンの土地は不法に侵略され、主権と国土が奪われた」という問題から「中国国内の一少数民族の人権弾圧問題・宗教弾圧問題」に変わってしまって、いかにも中国が民主化して人権問題が改善されればよくなるようなイメージになっているが、私たちウイグル人の問題はあくまでも侵略された国土の人々が、侵略者を追い出すために自らの意志で戦っている、正義の戦いであることを忘れてはならないことをはっきり断わっておきたい。

「民族自決権」という言葉に惑わされている方も多い。ウイグル人の民族自決権は、この歴史の諸事実を見てもはっきりわかるように、私たちはウイグル人の独立国家が存在した事実と独立の意志を、歴史の各段階において示している。今後のことは、漢民族とウイグル人の意志を示す選挙によって民主的に決めるべきだという戯言は、後から入植した漢民族が多いため、ウイグル人の神経を逆撫でにするとともに、植民地化の容認に繋がる無責任極まりない発言であることも、皆さんにわかっていただきたい。

東トルキスタン・イスラーム共和国は、イスラーム教を国教にした国家として世界でサウジアラビア王国の建国に遅れることわずか一年、そして一九四七年のパキスタン・イスラーム共和国の建国や一九七九年のイラン・イスラーム共和国の建国よりもはるかに先行して建国した共和国であり､イスラーム世界や世界史においても極めて重大な意義をもつ。

今の東トルキスタンにおける「強制収容所」問題を考える時に､まず「人権弾圧」と「宗教弾圧」が挙げられる。中国政府はウイグルの文化や社会を担う知識人やウラマー（宗教的指導者）、経済的に豊かな人たちを最初に強制収容所に入れた。イスラームの礼拝所も破壊したことからも分かるように、東トルキスタンが再び独立した時に国づくりを担う知識人と、国づくりのための背骨であるイスラーム教という、共産主義と相入れない私たちの国体をまず破壊していると見ることが、ウイグル問題を理解する一つの鍵である。

一九四四年の「東トルキスタン共和国」謎の飛行機事件で消えた指導者

一九四四年に樹立された「東トルキスタン共和国」については、実は不明な点や明らかにされてないものが多い。日本側の研究も、大体中国の言い分をそのまま書いているところがある。国を失ったウイグル人としては、第三者である日本人の研究者に歴史事実を偏りなく分析してもらいたいと思っているが、正直なところ無理であることが最近はっきりわかってきた。

この共和国の運命は、おそらく「毛沢東の一九四五年の延安での演説『連合政府論』と密接に関係している」と、私がこの共和国について話を聞いたウイグル人たちは口々に言うが、ウイグル人側のこのような視点も入れた各国の研究を私はまだ知らない。

東トルキスタン共和国の歴史にまだ解明されていない謎が多い上、現在の悲劇の原因に直接繋がる重要なものが隠されているはずだが、残念ながらその歴史があやふやのままである。そしてこのあやふやな歴史が、私たちの今をあやふやにしてしまっている大きな原因にもなっている。

東トルキスタン・イスラーム共和国が消えた後も、私たちの独立と主権回復への戦いは止んだことがなかった。

一九四四年に今度は東トルキスタンの北のイリを中心とした地域の、ウイグル人、カザフ人などのムスリムの民が再び侵略者を追い出し、独立国家を建国するために立ち上がる。一九四四年イリのニルカ県から始まった蜂起は、瞬く間にアルタイ・タルバガタイなどの広範囲に広まり、十一月には「東トルキスタン共和国」政府が樹立されるに至る。その共和国軍である民族軍も編制され、東トルキスタンの南のアクス（白い水）河が流れる大きな町アクスまで到着し、東方面ではウルムチまで迫っていった。ここで、中華民国軍が敗北し続けたために、中華民国側が一転して中国国内での共産党と国民党との内戦事情などを理由に、東トルキスタン共和国民族軍の良心に訴えかけ、同情を獲得したという。

結果、東トルキスタン共和国と国民党の間に十一項目の条約が結ばれ「連合政府」が成立する。

しかし、一九四七年に連合政府は崩壊を迎える。

東トルキスタン共和国のリーダーであるアフメットジャン・カスミーがイリに帰り、民族軍と政府を存続させる。しかし当時の資料によれば、彼はソ連共産党と手を組んだ毛沢東が率いる中国共産党の嘘を少し信じた傾向があるようにうかがえる。

一九四五年年四月、毛沢東は延安で第七回全国代表大会を開き「連合政府」を強調した。中国共産党は民族自決権を尊重し、あくまでもチベット、モンゴルやウイグル人の独立国家を認めることで、中華民国政府との違いを強調していた。こういった経緯もあり、アフメットジャン・カスミーは中国共産党政権を信じたのかと思われる。

アフメットジャン・カスミーの孫娘のアスヤ・カスミーは、私の幼い時の友人でもある。アスヤ・カスミーから面白い話を聞いたことがある。

「祖父が死んだというニュースは、我が家族としては未だに胡散臭い話であるために信じないでいる。いつかどこからともなく、必ず戻って来ると信じている。祖父は『中国共産党は長年清朝の凄まじい弾圧を受けてきたために、人々の苦しみをわかると思っている』と祖母に言っていたらしい」

彼女は今でもそう語る。

この話はソ連と中国国民党、共産党に挟まれ苦しい状況の中で、共産党を協力相手に選んだ理由の一端をうかがわせるものであると思っている。

しかし、わからない部分が多い。中国側の言い分の歴史記録だと、ソ連は一九四九年八月二十二日にグルジア副領事ワシーリー・ボリソフを通じて、カスミーたち東トルキスタン政府幹部に対して、今後の方針を決めるためソ連政府幹部と緊急会談を行うことを指示した。会談の結果、カスミーたちは毛沢東の招請に応じて、北京の会議に向かうことを決め、八月二十四日アルマタイの飛行場から北京に向かった。八月二十七日、カスミーたちの乗った飛行機はソ連領空で消息を絶った。飛行機が落ちて、アフメットジャン・カスミーたち一同はこの事故により亡くなったと言われている。中国共産党とソ連にとって極めて都合の良い飛行機事故であるが、その真相は七十年たった今でも不明のままである。

果たして、アフメットジャン・カスミー一同は本当にリーダーたち全員で国を空けて北京に向かう飛行機に乗ったのか？

モスクワに連れていかれて消されたのか？

アフメットジャン・カスミー

話し合いは行われたのか？

話し合いの内容は？

ソ連と中国共産党の言う条件を飲まなかったために消されたとの見方は、ウイグル人の間で根強いが、国がない私たちはこのリーダーたちの死の真相を暴く力がないまま、この問題が心に刺さったまま今を生きている。

九月三日になってソ連は、残留していた政府幹部に「カスミーたちが乗った飛行機がバイカル湖周辺で墜落した」と報告した。首脳部を失った東トルキスタン政府は混乱に陥ったことは間違いない。中国共産党に最後まで忠誠心を誓ったウイグル人幹部のセイプディン・エズィズィは、部下二人と共に列車で北京に向かい、政治協商会議に参加し、中国共産党政権への合流を表明した。

カスミーの死亡は、中国人民解放軍の東トルキスタンへの軍事侵攻が完了する十二月上旬まで公表されなかった。中国政府は「新疆の和平解放」と言うが、東トルキスタンの民は「陰謀と嘘によって、気づいたら国が乗っ取られた」と悔しい思いで語る。

ウイグル人の歴史家は、「アフメットジャン・カスミーの飛行機事故が民に伝えられた時には、ウイグル社会の要所要所に共産党の手が入り込んでいて、民が立ち上がろうとしてもなかなか立ち上がれない体制ができてしまっていた」と言う。中国共産党の狡猾さ、したたかさを予想できなかった祖先を恨むが、国を容易く侵略者に渡してしまった我が民族の愚かさと責任を、私たちは今後追及しなければならない。侵略される側の責任と罪は侵略する側より重いとの意見は、今のウイグル人の共通の心の声でもある。四回目の独立を奪い返す機会が来た時の教訓として、皆心に焼き付けている。

ウイグル人の不屈の精神

中国共産党は一九四九年から一九五五年まで、様々な形でウイグル人の知識人を粛清した。その中で一番有名なのは「地方民族主義者」を打倒するというものであった。中国政府のやり方に文句をつけたら、忽ち「地方民族主義者」のレッテルを貼り、処刑した。一部は国外に追放した。

この一連の準備を経て、中国共産党は一九五五年に「新疆ウイグル自治区」を設立したのである。残されたウイグルの知識人たちは「新疆」をとって「ウイグル自治区」にするように交渉し、中国政府は「ウイグル」をとって「新疆自治区」だけの名でこの地方を治めたかったらしいが、これにはウイグル人が強く反発したために、「新疆ウイグル自治区」という名になったという。

ウイグル人をはじめとする東トルキスタンのテュルク系のムスリムは、清朝による征服から今までその植民地と侵略政権に対する戦い、即ち国土と主権を奪った侵略者を追い出す戦いを続けてきた不屈の精神を忘れたことは片時もない。

今の東トルキスタンとウイグル問題は国際社会で人権弾圧問題として注目を浴びている。もちろん、今でも中国政府がウイグルで行っている、強制収容所をはじめとする民族浄化のための虐殺や諸々の犯罪行為は、紛れもなく私たち人間の生きる権利と尊厳へのおぞましい弾圧に他ならない。しかし、その根本にあるのは、中国政権が私たちから奪い取りたいのは人間への尊厳だけではなく、私たちの侵略者に対する不屈の精神であること、その不屈な精神こそが中国が行っている「食い荒らして次に行く」ことが本質の覇権主義政策の邪魔になっていることを認識しなければならない。

第三章　幻の「防共回廊」

ウイグル人の親日と中国共産党の反日教育

ウイグル人の間では、一九三〇年頃から今までずっと「あの時、日本が来てくれていれば、東トルキスタンは独立していた」との言い伝えがある。内容としては「あの当時、日本は共産党が悪ということを、人類の敵であることをいち早く知っていたために、ソ連共産党と中国共産党からウイグルを守って独立させたかったらしいが、アメリカが二回にわたって日本の広島と長崎に核爆弾を落としたために、この計画は成し遂げられなかった」というもので、ほとんどのウイグル人がこの話をなぜか知っている。

しかし、その具体的な経緯や関わった人々のこと、そしてこの話の中の「あの時」が具体的にいつなのかなど、詳細なことまでは知らない。この話が、近現代のウイグル人の中で、不動の親日感情と尊敬の念を醸し出すベースになっていると言っても過言ではない。

タクラマカン砂漠周辺のオアシスに生きるウイグル人は、八〇年代後半の中国の「改革・開放政策」によって入ってきた日本のドラマを見て、初めて、近代化した技術大国という表層的な日本を知ることになるが、そのはるかずっと以前から親日であったことは確かである。

中国共産党政府が、ウイグル人に対しても徹底した反日教育を行ってきているにもかかわらず、ウイグル人が一貫して親日ということは大変興味深いことでもある。

ウイグル人への反日教育の実態に関して、ウイグルの若手トップ詩人タヒル・ハムット・イズギルは、二〇二〇年七月に日本で出版された詩集『聖なる儀式』（鉱脈社　ムカイダイス・河合眞共編訳）の中の「日本の読者へ」とした前書きで、このように書いている。

日本は多くのウイグル人にとって正反対のイメージをもつ国である。

中国では第二次大戦以降、一貫して日本人を「鬼」と呼ぶ反日教育が今まで行われて来た。それ故、ウイグルでは「日本人レイプ魔」という中国に植えられた言葉がたくさんのウイグル人の脳裏から離れないのが事実である。中国語の「日本人侵略者」がなぜウイグル語で「日本人レイプ魔」に訳されたかの理由は定かではないが「レイプ魔」という言葉が「侵略者」という言葉よりもイスラーム系のウイグル人にさらなる恐怖と憎しみをもたらせることを目論んだことだろう。

ウイグルの歴史において日本との関係は多くは語られていない。一九三三年に設立された「東トルキスタン・イスラーム共和国」は一九三四年に挫折を迎えるが、その首相であったホージャ・ニヤーズ・アージが後に「新疆省」の副主席の座につき、一九三七年に「日本帝国主義と口裏を合わせた」との陰謀で銃殺された。関連づけてウイグル人に対する大虐殺が行われ三万人以上のウイグルの知識人が囚われ、多くは殺されてしまっている。この大虐殺をソ連と一緒に実行した盛世才は日本の士官学校を卒業している軍閥でもあった。

その極めて危険な状況で海外に逃れなければならなかった共和国将軍のマフムート・ムフィティなどのウイグルの将軍や役人たちが日本に行って東トルキスタンの独立の為に援助を志願するが戦時環境激変の故に結果が得られなかった。一九八〇年からウイグルでも日本の「君よ　憤怒の河を渉れ」「幸福の黄色ハンカチ」などの映画「燃えろアタック」「赤い疑惑」「姿三四郎」「犬笛」「一休さん」などのテレビドラマを見て、「レイプ魔」ではなく人間愛溢れる感情豊かな日本人を見たウイグル人はその文化に驚き始めた。日本産電化製品の質の高さとこの頃から出会えるようになったこともあり、日本に対する認識が徐々に変わり始めた。私は一九九〇年代から中国語に翻訳された日本の文学作品を読み始めた。川端康成『雪国』の純愛に、三島由紀夫『金閣寺』の魅惑的な美、村上春樹『ノルウェイの森』に表現された切なさと悲しみに深く感動を覚えた。私自身を本の中の主人公の立場に置きながら様々な想像をし、興奮もしていた。

この文章は、ウイグル人の日本への理解と中国共産党の反日教育の実態を如実に表すものであり、私自身も小学校の時から毎年のようにクラスの愛国授業の一貫として反日の映画を見せられたことを覚えている。しかし、当時子供だった私でも、他のウイグル人と同じく、揺るがない親日の感情を持っていた。そして何よりも「中国共産党は嘘つきである」という、今や全世界の常識になったことが、昔から私たちウイグル人の間では、子供、大人に関係なく既に定着した常識として一般化していて、「人民」が発する嘘が滑稽で哀れにしか思えなかった。

ある時、ウイグル人の教師が、朝礼の時に子供たちに「人間は誰も長く生きれば百年というところだが、『偉大な中国共産党のリーダーよ、万々歳』と皆で叫んだところでそれは変わらない。それよりは勉学に励み、理科系を極めて医学などの進歩に貢献すればいい」とウイグル語で私にそっと話したこともある。今考えれば、これはウイグル人と、「人民」という、首の上で思考することを自らやめた漢民族との根本的な違いの一つであったかもしれない。

このウイグル人の親日の感情に対して、漢民族からこのような文句を聞いたことがある。二〇一〇年、中国各地で「反日デモ」が起きたとき、ウルムチで入植した愛国者の漢民族が燃え上がり、「日本を滅ぼせ」「日本の製品をボイコットせよ」とのスローガンと「反日デモの英雄たち」の写真を高く掲げてデモ行進の準備を整えている時に、市内のウイグル人が「日本は友人だ、北京でやれ、ウルムチでやるな」と声をあげたことから、現地政府は民族間の衝突を避ける目的で「反日」デモを中止させたという。真偽はわからないが、この話を私に伝えた漢人は、日本で暮らす私への当て付けで、ウイグル人の「愛国心」に問題があると厳しい口調で言ったことから、そのようなことが起きた可能性が高いと推察する。

なお、中国の一部の知識人層でさえ「内政の問題ではデモできない民族とデモをさせない国家が、外国に抗議するためだけに仕組んだ意味のないマスゲーム」と的確に評価していることを付け加えておく。

なお、この二〇一〇年の反日デモのきっかけになった尖閣に侵入した中国漁船船長の逮捕や釈放などの日中の問題について、毛里和子・園田茂人編『中国問題』（東京大学出版会・二〇一二年）の第六章に天児慧氏の「日中関係——最弱な基本構造のゆくえ」と題する詳細な分析の論文が載っているので、興味ある方は是非お読みいただきたい。

さて、ウイグルの知識人たちはもちろん、一般人も心のどこかで「あの時日本が来てくれれば、ウイグルは独立していた」との話の内容を具体的に知りたいと思っていても、中国政府の情報規制などから公で話すことも、調べることもできない。ウイグルは古から中国の不可分の一部との姿勢を崩さない中国にとって、非常に不都合な事実であることは確かであるため、私たちウイグル人はこの話の実態についておよそ九十年間その内容を知ることができなかった。

しかし、二〇一九年二月に出版された関岡英之著『帝国陸軍知られざる地政学戦略——

見果てぬ「防共回廊」』（以下『防共回廊』）によって、私たち一〇〇〇万人のウイグル人は、この「あの時日本が来てくれれば、ウイグルは独立していた」という話が真実であったこと、そして日本とウイグルの知られざる外交関係、さらには歴史の闇に隠された東トルキスタン・イスラーム共和国側から見た「大東亜戦争」の意義、つまりこの戦争がアジアを植民地から解放し、アジア共栄圏を作るための正義の戦いであったという真実、を知ることになった。

『見果てぬ「防共回廊」』のウイグル語訳と私

二〇一九年二月、私は入院していた。ちょうど時期を同じくし、関岡英之先生著の『防共回廊』が新書版として発売され、私の学生の一人が手術前に「こんな本が出ています」と届けてくれた。私は入退院を繰り返している間に、『防共回廊』を読んだ。『防共回廊』で、私たちウイグル人が一九三〇年代から今までの約九十年の間、信じていた「あの時日本が来てくれたら、ウイグルは独立していた」という話の背景を知ることができたのだ。

私はさっそく、『防共回廊』の内容をウイグル語に訳し、世界中のウイグル人に知らせたいとの思いで、私は関岡先生の連絡先を知人を通じて入手した。そして、先生宛に「『防共回廊』をウイグル語に翻訳させていただきたい」という旨のメールと私の履歴書を送った。先生からはすぐに返事が届き、とんとん拍子で、次の日に直接お会いすることになった。

私は『防共回廊』を読むまで、関岡先生のことを知らなかった。そのため、私には不安が募るばかりだった。『防共回廊』からは、先生のその完璧を追求する、弛まぬ志と厳かな雰囲気が伝わって、緊張がより一層高まっていた。入院を口実に会わないことも考えたが、やはり勇気を出して先生に会いに行った。術後の体調がまだよくないこともあり、翻訳の了解を得たらすぐに帰るつもりでいた。

先生にお会いして、丁寧な挨拶はしたものの、その後はまともに目を合わせもせずに、聞かれたことだけに短めに無難に答えた。

意外なことに、関岡先生は本や翻訳の話を一切しなかった。チベットに行った時の話やインドのある辺境の街に生きる志高いチベット人青年の家に三日泊めてもらったこと、毎食その青年と同じくツァンバを食べたことなどを話してくれた。話を聞いているうちに、私は関岡先生がアジアに生きる国がない私たちのことを、不甲斐ない私たちのことを、私たちの全てをよく分かっていること、理解してくれていることが段々とわかってきた。

「ああ、この方なら大丈夫、安心して話せる」

そう思った。

私は頭をあげ、聞くだけの役から会話に入ることを決めた。そして「実は関岡先生が北京に銀行の駐在員だった時期に、私は北京で高校生だった」ことを打ち明けた。関岡先生はそのことをとっくに知っている様子で、私の高校の近くの有名な「紫禁城」公園の話をしてくれた。時には中国語で会話をした。

最初はすぐに帰るつもりだったことを忘れたように、初対面にもかかわらず、何時間も何時間も話した。先生は、翻訳のことも了承してくれた。

その後、関岡先生が引越しで不要になった食器や家具、そして家電製品を送ってもらって、東京にいる外国人留学生十三名に分けたこともある。今でも、留学生の皆さんが研究室などで関岡先生が残してくれたコップでコーヒーやお茶を飲んでいるのを見かける。

関岡先生と相談してまず、『防共回廊』のウイグルに関係がある第三章を、海外に住んでいるウイグルの文人たちが中心になって作った「世界ウイグル作家連盟」（理事長であるタヒル・ハムット・イズギル氏については第六章にて詳述）とイスタンブールにあるタクラマカン出版社のホームページで掲載し始めた。

翻訳の際には、内容の正確さを追求すると同時に、関岡先生の力強い、はっきりした明快な文章と頻繁に出て来る四字熟語による、美しくて奥深い日本語の特徴を損なわないように訳させていただいた。

『防共回廊』のウイグル語訳を掲載し始めてすぐに、チベット、モンゴル、イスラームとウイグル、日本の現代史の深い関係が同時に読める内容の面白さと、戦前の日本の先人たちのアジアを救うための壮大な叡智、そして何よりも、関岡先生が本で示した、「苦しみの中にいる現在のウイグルとチベットへの愛と正義感」がウイグル社会で大きな反響を呼んだ。毎日、世界中のウイグル人から関岡先生宛に大量のメッセージや質問が届き、私はそれを日本語に翻訳してからメールで送った。それに対し、関岡先生は迅速かつ丁寧に答えてくれ、私はそれをウイグル語に訳し、またウイグルの人々に届けた。第三章をネット掲載している間、関岡先生とほぼ毎日、何度もメールでやりとりをした。電話で話をする機会も多かった。

第二章で言及したムハンマド・イミン・ブグラや、後に日本を訪れた東トルキスタン・イスラーム共和国将軍のマフムード氏らと同じ時代に生きたウイグル社会の要人や貴族たちが、主に一九四〇年代にサウジアラビアやトルコに亡命している。サウジにいるウイグル人は世界で最も裕福とされていて、彼らは、当時の東トルキスタンから持ち出した資金を用いてサウジの二大聖地で膨大な土地を買い、不動産業で成功し、子孫の教育にも熱心である。

前駐日サウジアラビア大使のアブドゥル・エズズ・トルキスタニー氏は、サウジに亡命したウイグル人の末裔である。彼はサウジの裕福なウイグル人家庭で育ち、日本の早稲田大学に留学した。日本に留学した他のサウジの留学生よりも成績優秀だった彼は、ウイグル人でありながらも駐日サウジ大使に選ばれた。

このような経緯もあり、関岡先生の本は、まず、イスラームに熱心なサウジのウイグル人社会を中心に、トルコのウイグル人貴族社会や一九九〇年以降に世界各地に亡命したウイグルの知識人層の熱烈な支持を得た。

世界中のウイグル人からウイグル語訳を早く読みたいとの声が大きくなり、イスタンブールのタクラマカン出版社から二〇一九年八月にウイグル語版の出版が決まった。関岡先生も大変喜んでいた。二〇二〇年三月にはトルコのイスタンブールでウイグル人の作家や知識人が集まり、関岡先生を囲んで交流会を行う予定があった。

サウジに住むウイグル人たちは、先生に美しい石とイスラームの彫刻美を施して造られたカフスボタンを贈る計画を立て、今はイスタンブールに住んでいるムハンマド・イミン・ブグラの家族は、関岡先生に「ブグラ（Bughra）」と言うウイグル語の名を差し上げたいとの旨を示すなど、世界中のウイグル人たちが、それぞれ、関岡先生にお会いすることを楽しみにしていた。

そのような矢先、二〇一九年五月二十五日に関岡先生が急性心不全により突然帰らぬ人になった。

関岡先生が一足先に天国に旅立たれたことをサウジとトルコに暮らしているウイグル人の長老たちに伝えた。突然の悲報が、ウイグル人社会にもたらした悲しみを表現するのにいかなる言葉も枯れ葉のごとく、なんの意味もなさなかった。

世界中のウイグル人一同、関岡先生のご冥福を祈り、ご家族の皆様に謹んで心から哀悼の意を表した。関岡先生のアジアとウイグルへの正義と愛は、本の中だけではなく、私たちの心の中に生き続けることは確かである。その愛が苦しみの中にいる私たちの人間としての尊厳を保たせてくれた。先生はアジアの誇りであった美しい大和の国日本を、魂に桜を咲かせることができる武士の生き様を、私たちウイグル人に見せてくれた。関岡英之先生は私たちが憧れ、愛した美しい日本そのものだった。

私は、関岡先生の壮大な学問に感謝し続ける。先生の本は私に歴史の面白さと学問の尊さを再認識させてくれた。日本民俗学の父である柳田國男の「学問は世のため、人のため」との言葉の真の意義を教えてくれた。日本に留学したこと、関岡先生に出会えたこと、先生の著書をウイグル語に翻訳できたこと、アッラーに感謝している。

関岡先生はスタイリッシュで、繊細で、優しくて、美しい方だった。一九六一年の初夏に生まれ、二〇一九年の晩春に五十七歳の若さで天国に旅立たれた。今でも、関岡先生の流暢で少しばかり北京語訛り(なま)りの中国語と、その誠実な話しぶりを思い出す。

『防共回廊』と異なる視点での研究

従来の歴史学者による日本のアジア主義は、おおよそ次のように論じられてきた。

明治初期には、西欧列強のアジアに対する植民地化を含めた圧力に対抗するために、近隣の中国や朝鮮と連帯・連携すべきという主張がなされた。しかし明治中期以降、日清や日露戦争の勝利を得て日本がアジアにおいて大国化するに従い、当初の連帯・連携における対等なアジア主義から、日本がアジアの盟主、指導者として自らを位置付ける膨張主義・拡張主義的な色彩を強めるように変容していった。

その向かう方向によって、満洲、シベリア、沿海州など北を目指す「北進」論、東南アジア方面へ進出する「南進」論の二つに分けることが、近代日本の対外進出を考察する際の典型的な見方であった。

同時に日本のこのアジア主義を支えるイスラーム研究に対しても、いくつかの指摘が必要である。まず、日本は、太平洋アジア戦争中に、戦いを有利に進めて行くために、日本のイスラーム研究に対する理解と認識が決定的に深化したという点において、画期的な時代であったと認めている。次に、日本がイスラームと今後どのように向き合い、どのような関係を構築して行くのか、その方向性を見極める上でこの時代におけるイスラームの深識を検討することが極めて重要であるにもかかわらず、この時代のイスラーム認識が、拡張主義に利用するためのものというマイナスのイメージを植え付けられてしまっていること。戦時中において、日本がイスラームの地域で現地のイスラーム教徒に対して日本の固有の宗教を全く強制しなかった点について、重要なポイントであるにもかかわらず、十分に言及されていないことなどである。

その具体的な研究成果としてのいくつかの本の内容を簡単にまとめてから、関岡先生の今までの研究と全く異なる「防共回廊」説に入りたい。

一『日中戦争とイスラーム』坂本勉　編著　二〇〇八年　慶應義塾大学出版会

日中戦争時においては、今の中国の各地、モンゴル高原、中央アジア、東南アジアに住む数多くのイスラーム教徒を日本側に引きつけなければならない必要に迫られていた。その結果、現実的な外交的、戦略的要請から国をあげてイスラームに関する調査、研究の組織が図られ、それに応じたイスラーム政策が行われていた。

二『日本におけるイスラーム研究史』中国篇　二〇一九年　アリム・トヘテイ　春風社

明治末期、日本が欧米の影響により、イスラーム世界を理解する必要に迫られ、中国地域のムスリムを含む中央アジア・西アジア・北アフリカといった地域のムスリムに対して様々な「行動」を展開した。しかし、日本の関心はイスラームの信仰文化や宗教生活ではなく、明治時代から発生した積極的な海外拡張という時代背景の中で、イスラーム諸国の政治と経済を知ることにあった。

三『日本の〝中央ユーラシア〟政策』シナン・レヴェント　二〇一九年　彩流社

この方は日本の中央ユーラシア政策を「トゥーラン主義」運動と結びつけて書いている。「トゥーラン主義」というのはアーリア人のヨーロッパに対抗するためにウラル・アルタイ語族をもって「トゥーラン民族」とし、戦前のアジア主義を「トゥーラン主義」と位置づけ、それを目指した政策を戦前の日本の「中央ユーラシア政策」として位置づけている。

結論としては、ムスリム及びイスラームに関する知識が欠如した日本の政策立案者たちは、こうした回教問題やムスリムを「トゥーラン民族」として捉えて、日本の中央ユーラシア政策をつまり「トゥーラン主義」運動とイスラーム政策との接合によって、ソ連および中国を内部から崩壊させバイカル地域の東及び中国西北部を日本の支配下に置こうと図った日本軍には、日本を盟主とする世界新秩序に向けて日本の構想が描かれていたことは容易に推察される。このような広範囲の日本のアジア主義は理想主義であり、「現実性が激しく欠如した夢想であったと再認識でき、総括できた」と言っている。

関岡先生の『防共回廊』は、恐らく初めて「南進」「北進」とは別の日本によるユーラシア方面への進出を「防共回廊」として私たちに伝えた本であり、また「防共回廊」の基礎をなした日本のイスラーム研究に関しても、日本はイスラームの本質的な部分に共通の価値観を見出していたことを明らかにしたと言えるだろう。

『防共回廊』が生まれた時代背景と失敗の原因

関岡先生は外務省の膨大な機密公電を始め、独自に入手した新資料を駆使して「防共回廊」の全容を解明した。「防共回廊」とは戦前、旧帝国陸軍と関東軍が極秘で推進していた地政学戦略の一環であり、満洲国建国に続き、モンゴル、ウイグルの独立を支援して反共親日国家群を樹立し、ソ連の南下を防ぎ、中国共産党との連携を遮断し、東アジアの共産化を防止するという気宇壮大な地政学的戦略だったことを明らかにした。また、このことが戦後のタブーとして歴史の闇の中に封印されてしまったことと、中国の最大の弱点である民族問題を知ることは、強大化した中国の軍事的・経済的に脅威に晒されている我が国に限りない示唆を与えてくれると明言している。

関岡先生が『防共回廊』を書くために集められた膨大な資料は、現在私が所持しているが、いずれしかるべき所に置いていただきたいと思っている。これらの資料を本の内容と照らし合わせて読んでいくと、「防共回廊」が生まれた時代背景が見えてくる。

日本が最初に西洋列国と接触したのは、十六世紀の半ばのことである。一五四三年、ポルトガル人が日本に来航した。これが、日本人にとって初めての白人との接触である。数年遅れて今度はスペイン人が日本に来ている。日本は一五六〇年から一五八〇年の間の二十年間、これらの国と貿易をし、キリスト教の布教も許した。

しかし日本は、スペインやポルトガルと貿易しながら、彼らの真の目的がアジアを植民地化し、支配下に置くことにあると気づく。その時の日本はスペイン・ポルトガルとの間にそれほど大きな軍事力の差がなかったため、スペインとポルトガルを追い払って国交を断絶する。

それから日本は鎖国し、約二百六十年の間の世界史的にも稀にみる平和な時代、外国とはもちろんのこと、日本の国内でも全く戦争がない平和な時代を過ごすことになる。しかし物事には光と闇、良い面と悪い面の両方が存在する。鎖国によって平和はもたらされたが、外国との交流はもちろんない。日本が鎖国している間、イギリスでは産業革命が起こり、欧米諸国は近代的な軍事力を身につけ、日本との軍事力に圧倒的な差がついてしまう。

その欧米列強が再び日本に注目し介入してくるのは十九世紀の半ば頃、その中でも日本にとって大きな意味を持っているのは一八五三年のアメリカのペリー提督の来航である。

ペリー提督は軍艦を四隻率いて、当時の日本の政治的な中心地江戸のほど近く（今の東京湾）にまで来る。そして日本に鎖国をやめ、開国しアメリカと貿易や交流をするように迫る。

当時の日本の指導者たちは、アメリカと日本の軍事力の圧倒的な差を認識していたために、抵抗すれば敗北し、すぐに植民地にされてしまうことを懸念してその要求を飲み、開国してアメリカと条約を結ぶ。開国することは西洋諸国の植民地化政策に直接晒されることをも意味していたため、日本の国内世論としては「尊皇攘夷」という考え方、外国を追い払って天皇陛下を守れという意見のほうが優勢だったという。しかし軍事力は、外国との間に圧倒的な差があった。

そこで日本は、外国の先進的な軍事力をまず学び、軍事的技術的にも先進国と肩を並べる決心をする。この方針を「和魂洋才」とも言う。科学技術や物質文明を西洋諸国から学び、精神と心はヤマトの心、即ち魂は日本人のままでいるということである。その結果、日本はアジアでいち早く、そして唯一と言えるほどに西洋諸国に並ぶ軍事力を持つことになる。

当時は植民地時代、西洋諸国はアジアを植民地にしようと睨（にら）んでいて、日本も当然ながらその標的の中に入っていた。当時イギリスは南から迫ってきて、インドをすでに植民地下に置いて、さらにチベットやマレー半島、そして中国の香港にまで基地を置くことになっていた。アメリカは太平洋の向こうから虎視眈々とアジアを睨み、ロシアは北から迫りモンゴルや中国の沿海まで到達していた。強い国が弱い国を攻撃して、侵略支配してしまうことが当たり前の弱肉強食の時代だった。

アジアでいち早く西洋諸国に並ぶ軍事力を持った日本がやはりアジアを助ける・守る使命感を持ったことが、一つのポイントである。

もう一つ新たな要素として、日本にとって大変厄介なことに、ロシアでは共産主義革命が起こり、共産主義の革命思想を世界中に広めようとしていた。その結果、「活仏」、「輪廻転生」といったチベット仏教を中心としてまとめられた、およそ六百から七百年続いた北モンゴルの国体が、ソビエト共産主義によって破壊され、共産主義の国に一瞬にして変わってしまった。

一九二二年にコミンテルンは「君主制の廃止」という言葉も打ち出している。

共産主義の脅威は、日本にとっては植民地にされる以上に恐ろしかったはずで、どう立ち向かうかを真剣に考えたことだろう。なぜならば日本には「万世一系の皇統」という国体がある。初代の神武天皇が即位されてから今まで二六八一年、百二十六代の天皇が続いていることになる。言わば、日本の歴史は、この二千年以上続いてきた「皇室」の歴史でもある。日本の国体を守らなければいけないことがやはり日本の最重要課題になるのはあたりまえのことである。

北モンゴルの次は、満洲国（中国国内にもこの時中国共産党ができて国民党と戦っていた）、その次は朝鮮、その先にある日本が共産主義の危機に晒されるのは時間の問題でもあった。

しかし、この日本による「アジア主義」を邪魔したのがアメリカであった。日本の軍事力、精神力を警戒していたアメリカは、アジアで日本さえ潰しておけばアジアは意のままにできると目論見、日本を潰すことに全力で取り掛かっていたことは間違いない。

日本側も「防共回廊」構想について、アメリカ側にその詳細を伝え、アメリカに共産党のコミンテルンが世界に共産主義を輸出する国際的な組織であり、その工作によってモンゴルの国体を破壊した経緯などを証拠としてあげ、日本の「防共回廊」政策は共産主義思想から日本とアジアを守るものであると上手く説明することが出来なかったのが悔やまれる。

「防共回廊」の全体像と生みの親――林銑十郎

『防共回廊』によると、「防共回廊」の生みの親である林銑十郎（せんじゅうろう）は、一八七六年二月二十三日に石川県金沢市に生まれ、一九四三年二月四日に東京で亡くなっている。

日本の第三十三代内閣総理大臣兼四十六代文部大臣（一九三七年二月二日―同年六月四日）陸軍大将、軍事参議官を歴任したが、その内閣の評価は「食い逃げ解散」など惨憺たるものだ。

しかし満洲国さえまだこの世に出現しなかった時代に、林がモンゴルからイスラームまで見据えていたのはなぜなのだろう。先見の明だろうか。それとも何かキッカケがあったのだろうか。

林は、一九一三年に郷里の旧藩主、前田利為侯爵に随行して約二年間ベルリンに留学した。その頃ドイツ参謀本部がイスラーム圏について調査研究をし、諜報活動を展開していることに林は興味を惹かれた。当時ドイツはベルリン、ビザンチン、バグダットを結ぶ鉄道敷設計画（3B政策）に象徴されるように中東進出を画策しており、「トルコ問題は英独衝突の発火点たるべし」と宣伝されていた。

林は当時のバルカン半島を視察していたが、バルカン半島はかつてオスマン帝国の領地だったためムスリムの住民が多く、サラエボはモスクのミナレットが林立するムスリムの都市だった。留学の成果として、林はのちに「第一次世界大戦時回教諸国の動静」と題する約八百枚に上る研究ノートを作った。これは、イスラーム研究の嚆矢（こうし）と言えるものである。

関岡先生は著書で、林銑十郎に関して「近代化であれ、共産化であれ、外来思想の侵襲を前にして混乱動揺をきたさないためには、確固たる価値体系を断固として堅持しなければならないという教訓を、林はムスリムという他者の中に見出していたのであろう」と彼のイスラームへの研究を高く評価している。

林銑十郎

「防共回廊」の具体的な構造として計画されていた「欧亜連絡航空路」は、満洲国の首都新京から南モンゴルの包頭、アラシャン、オチナ、東トルキスタン各地そしてアフガニスタンのカーブルを結び、ソ連のシベリア鉄道、英国のインド航路に対抗して日独が空からシルクロードを制覇するという気宇壮大な構造だったことがうかがえる。

今になって東トルキスタンとアフガニスタンを結ぶ「ワハン回廊」の地政学的重要性が、アメリカをはじめ中国やインドなどの国々にとって垂涎のポイントになっていることは言うまでもない。そのワハン回廊こそが日本とドイツが計画した「欧亜連絡航空路」の予定ルートであった。当時のアフガニスタン公使の北田正元は『時局と亜細亜問題』の中で「将来の世界政策的要地である」と書いているように、もちろん東トルキスタンの独立においても大変重要である。当時の日本の世界地図を俯瞰する時の叡智と視点に尊敬の念を覚える。

しかし同時に、私たちの置かれた現状を見たときに、「防共回廊」という地政学的戦略が果たされなかったことは悔やまれる。

歴史にもしもという言葉はないが、この言葉を自らに投げかけ、歴史を振り返りいまや正当な歴史としては決して教えられなくなった戦前の叡智を掘り起こし、将来臨まなければればいけないことは確かである。

「防共回廊」の最強のパートナーは東トルキスタンのウイグル人

日本が「防共回廊」戦略を練り、植民地下で苦しむチベット、モンゴル、ウイグルなどを助け、共産圏を包囲する親日国家群を作るために情報取集に励んでいた時に、東トルキスタンの民は、中国、英国、ソ連といった大国の狭間にあって懊悩していた。

一九三三年に取り戻した「東トルキスタン・イスラーム共和国」はその軍事的な弱さを突かれ、一年足らずで崩壊に追い込まれた。東トルキスタン・イスラーム共和国建国の基礎となったホタン・イスラーム王国のアミールで、ウイグルきっての国士であったムハンマド・イミン・ブグラは、東トルキスタン・イスラーム共和国が挫折した後に、アフガニスタンのカブールに行き、駐アフガニスタン公使（一九三四年十一月～一九三八年三月）の北田正元と連絡を取り、日本外務省の廣田弘毅宛に「東トルキスタンの独立」を再び勝ち取るために日本の支援を求める懇願書を送っている。ムハンマド・イミン・ブグラが極秘裏に北田公使と一九三六年に対面を果たした記録も、日本外務省の資料に残っている。

北田公使について、関岡先生は著書で「北田正元がカブールのアフガン公使館から日本の外務省宛に打った東トルキスタン関係の機密電報だけで千枚を超えていて、これを全部読んだ。北田公使の電報から、インテリジェンスに携わる者の強烈な使命感と自負が伝わってくる」と感想を述べている。

北田公使は、ムハンマド・イミン・ブグラの「共産主義者であるソ連を自ら駆逐したい」との意識に注目し、日本人とウイグル人は「反共」という共通の堅固な価値観を互いに発見したのであった。後に、東トルキスタン・イスラーム共和国将軍のマフムート・ムフィティが一九三九年四月一日に神戸に上陸し、六日に東京に着き、外務省の有田八郎外相宛に、東トルキスタンの民からの日本に対する「要望書」を提出している。

日本でのムフィティの足跡については断片的な報告書しかないが、後に、彼は日本から当時は日本影響下であった南モンゴルに行き、一九四四年に北京で謎の死を遂げ、墓もわからない状態である。

この、日本と東トルキスタン・イスラーム共和国の知られざる外交史こそが、中国共産党が唱えている、いわゆる「新疆ウイグル自治区は古から中国の一部だった」という嘘と、「大東亜戦争は侵略戦争」だったという、一方的な歪んだ歴史認識をひっくり返す揺るぎない証拠である。ウイグル、チベット、南モンゴルなどの国々と人々の歴史、そして日本との外交史から、大東亜戦争の歴史を改めて構築することが必要不可欠である。

日本は世界で唯一、二十億人もいるイスラームの国々、人々と理想的な友好関係を結ぶことに成功した国であると言える。戦前の日本がイスラームの価値観を認め、その上に構築されたイスラーム研究がこの友好の基礎となっていることを実感しつつ、「戦前のイスラーム研究は日本の拡張主義のため」という悪質なレッテル貼りに対し、私たち一人一人が疑問を持たなければならないと思っている。

「大東亜戦争は侵略のため、イスラームの研究はそれを有利に運ぶために行われた」という今の学会の「常識」は、イスラーム世界で愛され、信頼されている日本をどのように位置付け、どのように説明をするのだろうか。

「日本は中国を侵略した。ウイグルまで迫るつもりだった、日本は謝罪を続けるべき」と唱え続ける中国の呪文を解く鍵は、先人たちの研究にある。ウイグルでナチス顔負けの「強制収容所」を作り、生きたウイグル人の臓器で一兆円とも言われている臓器移植市場を支えている、かの中国という恐ろしい国の実態を日本は見るべきである。そして目を覚ますべきである。

ウイグルと日本の外交史については、当事者の私たちウイグル人と日本人が検証し、結論づけるべきことである。第三者のしかも今は東トルキスタンを植民地下に置いている侵略国家の中国が私たちの外交史を語るのは何とも滑稽なことである。

アジアには、命の尊厳を大切にする精神文明を有する、日本のリーダーシップが必要不可欠である。日本はその自覚をもつべき時にきているのだ。

第四章　「新疆ウイグル自治区」の歴史と政治

中華人民共和国と五つの「少数民族自治区」

中華人民共和国は、自らを「五十五の民族からなる多民族的国家」と主張している。支配的な立場にある民族は漢民族で、人口の九割を占めており、現在はチベット、ウイグル、モンゴル、回族、チワン族という五つの「少数民族自治区」が設置されている。一九八四年の「民族区域自治」法により「自治区」の法的権利が裏付けされたのにもかかわらず、「自治権」は名目だけのものになってしまっていることは事実である。

「新疆ウイグル自治区」が設立された一九五五年に先がけて、漢民族の東トルキスタンへの大量入植がすでに始まっていた。漢民族の人口を多くすることで東トルキスタンを実際に支配下に置くことを目論んだ中国政権は、一九五七年にまず、問題意識の高い知識人層を「地方民族主義者」として攻撃し、多くのウイグル知識人を見せしめのために、自殺に見せかけて殺し、残りを国外に追放した。さらに、資源の乱開発による環境被害に加え、東トルキスタンの土地では核実験を行った。ウイグル人は、核の被害者になっただけでなく、その固有の言語、文化、宗教への弾圧を受け、中国語と思想教育が押し付けられ、さらに漢民族への同化が強制された。

東トルキスタンが中国領「新疆ウイグル自治区」になってしまった経緯は既に第二章で述べているので、本章では「新疆ウイグル自治区」が中国共産党支配下で歩んできた歴史と政治に焦点を当てることにする。

核実験、漢民族の大量入植政策を始め、人民解放軍の駐在、新疆生産建設兵団の設置、西部開発と西気東輸、計画出産、バイリンガル教育などを経て、中国側が「職業訓練学校・再教育センター」などと呼ぶ「強制収容所」が作られ、三百万人以上が囚われ、またその延長線上に「強制奴隷労働」と「強制不妊手術」が行われていることが最近明らかになった。

これに対し、アメリカをはじめ国際社会が声をあげ、中国共産党政権によるウイグル人ジェノサイド認定に向けて動いている。

核実験

中国共産党は、東トルキスタンで一九六四年〜一九九四年までの間に計四十六回（不発実験一回と他国のために行った実験も含めると、計四十九回とも言われている）、総爆発エネルギー二〇メガトンの核爆発実験を地表、空中、地下で行った。その威力は合計すると、広島と長崎に落とされた核の千三百倍と推定されている。札幌医科大学の高田純名誉教授によると「中国はメガトン級の地表核実験を三回実施した」（高田純『中国の核実験』医療科学社）ということだ。

アメリカなど他の核保有国では、メガトン級の核実験は、その危険性を十分に認識しているために立ち入り禁止の地域、海洋で行われているというが、中国はウイグル人が暮らす地域でメガトン級の核爆発を繰り返した点で悪質である。にもかかわらず、人々の命を脅（おびや）かす核災害の実態について、今でもそのデータを一切公表していない。

一九六四年十月十六日に始まった中国の核実験は、一九九四年六月八日の実験を最後に、同年九月に包括的核実験禁止条約（ＣＴＢＴ）の調印により、やっと凍結を迎えた。しかし、三十年もの間、故郷で核実験が行われていたウイグル人の悲劇と悔しさ、その痛みは、世界唯一の被爆国である日本の人々にはわかることであろう。しかしながら、日本のテレビなどで、楼蘭の文明や遺跡を紹介したことがあっても、この地で核実験が行われたことに触れたのを聞いたことがない。

核実験場にされたタクラマカン砂漠北東部のロプノールは、ウイグルの古の揺りかごで仏教文化の古都として知られる楼蘭遺跡の近くにあり、「彷徨(さまよ)える湖」として知られる「ロプノール湖」が位置する場所でもある。高昌ウイグル・ハン国の首都のトルファンから一四〇キロ、ウルムチから二四〇キロしか離れていない。楼蘭は日本人が好んで観光に訪れる仏教由来の地でもある。そこは日本から遠く離れてはいるが、だからといって、ウイグルで行われた核実験の影響が日本に及ばないとは言えない。

国際社会において、一九九八年に英国で、中国の核実験によるシルクロードにおける悲惨な健康被害や死を主体としたドキュメンタリー「Death on the Silk Road」が放送され、一九九九年にローリベック賞を与えられた。今まで世界の八十四ヶ国で放映されているが、日本ではまだ公式に放映されていない。

中国政府は、ウイグルでの核実験や核被害のデータを未だに公表せず、ひたすら核実験による健康被害は一切なかったと主張している。一九八九年にウイグルで起きた学生デモで、学生リーダーは政府高官と核実験に対する正式な談話を持ったと聞く。現場となった新疆大学で、物理学科のウイグル人学生から「核実験におけるウイグルの生態環境の影響」について質問を受けた中国当局側は、「核実験は、風が西に向いて吹いている時しかやらない。核の悪い影響は西側の悪い国に風に乗って飛んで行くので、我が国には全く影響がない」と答え、満場のウイグル人学生から「影響がないなら、北京の天安門広場でやれ」と怒鳴られたという有名な話がある。

少し前までは、タクラマカン砂漠を中国最大の墓地にするという漢民族の学者の論説が流れる一方、台湾などの核廃棄物の投棄場所になっているという噂もあり、中国共産党政権の残虐さと非文明性をあらわにしている。

漢民族の大量入植政策

一九四九年に人口比率で六パーセントに満たなかった東トルキスタンにおける漢民族の割合は、今は中国政府の入植政策により、人口の半分にあたる五〇パーセント近くにのぼっている。東トルキスタンに駐留している「人民解放軍」の総数は、軍隊である以上秘密であり、明かされていない。

東トルキスタンに一体どのくらいの漢民族がいるのか正確な数字はわからない。東トルキスタンに入植した漢民族の実態は「増えすぎた漢民族の人口密度を減らすため」「中国の内地の過剰労働者に衣食住を提供するため」「犯罪者を治安上の理由で移住させる」などが挙げられる。言わば、東トルキスタンの地は、中国政権の問題処理の場になっていることがわかる。

中国語で書かれた、中国政府発行の資料を参考に辿ると、中国政府は一九五〇年から政策的に入植を始めていたことが分かる。その背景に、八〇〇万とも言われる無職の国民党残党兵や当時の二四パーセントにものぼった漢民族の失業者の問題があると考えられる。

結果的に、一九五四年に十五万人、一九五七年に十七万人、一九五八年に十八万人、一九五九年に六十二万人と年々増加していき、一九六六年には東トルキスタンに入植した漢民族の人口は七〇〇万人を超えていた。その後も毎年増える一方で、一九六九年には二六七万人が入植した。一九七九年までに計一八〇〇万人の漢民族が入植し、この時点でウイグル人の人口の二倍以上になったことが分かる。こちらに挙げられた数字は全て中国統計局編『中国統計年鑑』一九八九年版で確認することができる。

さらに延安にいた王震部隊を始め、人民解放軍の駐屯も進められた。言わば、一九四九年からウイグルでの漢民族の人口を意図的に増やしたことが分かる。楊海英先生の『ウイグル人の中国文化大革命』の中で、入植した駐屯兵を東トルキスタンに定住させるために、上海などから売春婦を含む四万人の女性をトルキスタンに派遣したことを指摘し、中国人作家・王力雄の「辺境の漢民族すなわち中国人は無原則に北京が進める少数民族弾圧政策を擁護し、場合によって政府の尖兵の役割を担ってきたことは事実」との言葉を引用している。このような現実は正に悪夢である。

新疆生産建設兵団

一九四九年以降、「国防」の名目で東トルキスタンに進軍した「人民解放軍（旧八路軍）」が東トルキスタンに駐屯し始めた。「国防」といっても、東トルキスタンの民が侵略者を追い出すための抗議を武力で鎮圧し、侵略政権を維持するためであった。

新疆の人民解放軍は一九五四年に国防部隊と生産部隊に分離し、生産部隊は基本的に国防部隊の後援部隊として、最初は主に軍の食糧を作る役割を担っていた。生産建設兵団は五年かけて建設が完成された。中国内部の過剰労働力、犯罪者などを主に吸収し、また上海などから集められた娼婦を派遣し、結婚させることで定住が図られた。

一九五二年の生産建設兵団の人口はすでに二十七万で、二〇〇五年には二五八万人に増えている。新疆生産建設兵団の中にはウイグル人が極めて少ない。その中の実態を知ることはできないが、中国の資料では一九九四年兵団本部が経済委員会、外国経済委員会、供給や販売などの三つに袂分けしていたことが分かる。

生産建設兵団が置かれている位置を地図で確かめると、東トルキスタンの水源と平地、鉄道沿いの便利で豊かな土地が全て生産建設兵団に与えられていることが分かる。東トルキスタンの水源が兵団に押さえられ、水不足によるウイグル人の土地の塩害化が進み、ウイグルの住民と兵団の間の争いが多発しているという現状がある。しかし、新疆生産建設兵団は新疆政府の管轄権の下ではなく、直接北京の中央軍事委員会と中央農墾部の指揮命令下にあり、自治区治外法権を持っているために、新疆ウイグル自治区政府は、生産建設兵団にいかなる干渉もできないのである。

生産建設兵団は二〇〇〇キロ以上の国境地帯に連綿とした農場を建設し、綿花やトマトなど経済価値の高い農産物を作っている。綿花の生産量は毎年五〇〇万トンを超えている。中国は世界綿花生産の約二〇パーセントを占めているが、その綿花のほとんどがウイグルの土地で生産されている。トマトも同様に生産建設兵団の世界に輸出する商品の一つとして中国の経済を支えているが、やはりウイグルの土地で生産されている。生産建設兵団はウイグルの土地と水源などの命脈を押さえていることで、ウイグルの豊かな農産物を加工し中国中央政権に送り出す機能を果たしていることがわかる。

「西気東輸」と「西部大開発」

生産建設兵団以外に、ウイグルで「新疆ウイグル自治区」の管轄下ではなく直接に北京の中央軍事委員会の管理下に置かれているのが、ウイグルの石油、希少金属類、ウラン開発などである。

ウイグルにある「石油管理局」と「鉱物局」は生産建設兵団と同様に北京の中央政府が管理しているが、生産建設兵団にさえウイグルでの石油の開発権が与えられてない。石油と鉱物は国防上最も重要な物資であるから、人民解放軍系列と政府が統括している。言わば、ウイグルの経済は生産建設兵団の上にさらに巨大な中央軍事委員会の資源支配があり、二本柱で中国中央政権に直接吸い取られている構図がわかる。

新疆の石油産業はさらに全国産石油の二〇パーセントを占めていることから、中国経済の柱になっているとも言える。これに鉱物資源、天然ガスを加えるとウイグルは中国の沿岸地区を含む全体の資源供給地として、極めて重要な植民地であることが分かる。

小島麗逸の論文「漢民族による経済支配」（広瀬崇子編『イスラーム諸国の民主化と民族問題』未来社所収）によると、新疆政府の経済技術協力弁公室の発表した数字を根拠に、「中国全体の埋蔵量と比較すると、ウイグルの石油は約四分の一の四〇〇億トン、天然ガスは三分の一の十三兆七〇〇億立方メートル、石炭は二兆一九〇〇億トンに達するとみられる。ウランやレアアースなどの鉱物資源の総額は六兆元（一元約十四円）、鉱物資源の価値が六兆元といえば、一九九六年のＧＮＰ五兆四〇〇〇万円より多い」と書いている。

この数字だけでもウイグルのエネルギーはほぼ無尽蔵と言ってよい。中国経済の長期に亘る命脈となるこのような宝の植民地を、中国が手放す訳には行かない。ウイグルを手放すことは、中国経済の死を意味すると言っても過言ではない。

学者の中には、このウイグルでの石油の埋蔵量を、中国の近年の発掘量の減少などから「埋蔵量の計算が楽観的過ぎる虚偽の数字」と指摘する者もいるが、石油開発に伴う深刻な水不足が原因である発掘技術の問題、そして最近の中国の戦略により発掘量を少なく見積もっている虚偽の可能性など、様々なことが指摘されている。

いずれにせよウイグルには、石油だけではなく、天然ガスや石炭そして希少金属鉱物の量が豊富であることは変わらない事実である。この豊かな資源を直接沿岸地域に運ぶために中国政府が立ち上げたのが「西気東輸」プロジェクトである。この豊富なエネルギーをそのまま中国の内地に運んでいこうというエネルギー政策である。

それと対になる「西部大開発」は、言わばウイグルの資源を中国に運んで行くためのインフラの設備とその労働力のために、中国人をウイグルに入植させ職を与えることである。ウイグルの資源を、地元であるウイグルとウイグル人に全く利益をもたらすことなく奪い、それと同時に生産建設兵団が水源を締め上げることで、地元にいるウイグル人の生きる環境を破壊し生活を圧迫しているのだ。

エネルギー問題でウイグルが中国にとって重要なのは、地下資源だけではない。最近中国はカザフスタン西部のいくつかの油田の開発権を獲得し、カザフスタンからウイグルを通して中国の内地まで石油や天然ガスを運ぶためのパイプラインを作っている。「一帯一路」で象徴される現在の中国の陸のエネルギー戦略の入り口と出口を同時に担うウイグルの地政学的位置づけは、いうまでもなく重要である。

今、ウイグルで展開されている「強制収容所」は、ウイグル人の抵抗運動を未然に食い止め、エネルギーと食料の両方を安定して確保するために「先手を打った」策略でもあったことが分かる。

バイリンガル(双語)教育

中国政府が実施しているバイリンガル教育の本質を一言で表すと、それは「中国語のみの教育」ということに他ならない。

一九四九年に東トルキスタンが正式に中華人民共和国に包含されることになるが、その翌年の一九五〇年には、中国語が一つの選択科目としてウイグルの教育の現場である学校教育の中に取り込まれた。しかし、一九六〇年代に入ると中国語教育が次第に重要視されることになり、ウイグル語の民族学校において、中国語が必須科目として設置されると同時に、漢民族の学校における選択科目としてのウイグル語が完全に廃止されるようになったのである。

一九七七年から中央政府による「新疆ウイグル自治区における少数民族への中国語教育の強化」を課題とする政策の下に、ウイグルの教育現場における言語教育がさらに強化されることになる。一九八二年制定の中華人民共和国憲法においては、「少数民族言語による教育が保護される」と明確に書いてあるにもかかわらず、ウイグルの教育現場における中国語使用への一元化がさらに加速し、二〇〇四年の「関宇大力推双語教育的決定」により、ウイグル語の授業のみがウイグル語で行われ、その他の授業が全て中国語で行われる教育方針に大きく変わっていくのである。

まず、新疆大学をはじめとするウイグルの全ての大学において、ウイグル語による授業が廃止されることになるが、この政策が次第に幼稚園、小中高校などで一貫して実施されるようになる。従って、中国の内陸部から、大量の漢民族がウイグルの教育現場に、中国語の教師として好条件で迎えられるようになる。彼らは漢民族であることだけが条件で、その教育レベルと中国語の方言の度合いや北京標準語を話すレベルが教育現場に適しているかどうかということは問われないため、ウイグルの子供たちが一気に悲惨な教育環境の中に置かれる結果を招いた（二〇一五年、筆者が実施したアンケートによる。117ページ参照）。

日本ウイグル協会のホームページにアップされている『中国ウイグル人への弾圧状況についてのレポート』（二〇一八年）によると、「二〇一七年四月二十六日、ホータン地区・チラ県政府ウェブサイトでの募集によると、人口十三万人のこの県だけで一〇九三人の教師を中国内陸部から募集し、現地一般教師給与の二倍以上の賃金が提示されている」ことがわかる。好条件で夥(おびただ)しい漢民族が教師として中国内陸部からウイグルの各地に迎えられ、その結果ウイグルの教育現場にいたベテランのウイグル人教師が「中国語水平(レベル)」が満たないという理由で教育の現場からの退任を余儀なくされている。

バイリンガル教育はこの時点で、内陸部の文化レベルの低い漢民族に、好条件でウイグルで職業を得る仕事口を提供する一方、ウイグル人ベテラン教師が教育の現場から追い出されることにより、ウイグル人の学生の教育レベル、知力が著しく低下することに繋がっている。

危機感を募らせたウイグルの知識人は、「ウイグル語幼稚園」などを中華人民共和国の憲法に基づいて設立し、母国語を子供たちに提供する場を設立しようとしたが、当局による妨害で、設立を試みたアブドワリ・アユプ氏などの知識人は、ありもしない罪をでっち上げられることにより逮捕され、事実上、ウイグル語のいかなる教育も許されないことが示された。

中国でのウイグル語教育の全面的な解決方法を、中国政府に訴えたウイグル人の経済学者で中央民族大学教授のイリハム・トフティ氏は、漢民族とウイグル人の憎しみを減らし、相互理解を深めるために、自身のウェブサイト「ウイグル・オンライン」を作っていた。しかし、彼の民族政策に対する言論を危険視した中国当局は、二〇一四年、彼に「国家分裂罪」で無期懲役の刑を課した。アムネスティ・インターナショナルやヒューマン・ライツ・ウォッチなどが起訴内容を「事実無根」と批判し、深い懸念を表している。二〇一九年十月二十四日に欧州議会は、彼に「サハロフ賞」を与え、中国政府に釈放を求めている。このことも、「バイリンガル教育」が中国語教育を実施するためだけの政策に他ならなかったことを物語っている。

このような状況は二〇一六年からさらに悪化し、「バイリンガル教育」という偽りの名を蹴り捨て、一気にその本性を表してきたのである。二〇一六年にチベット自治区書記から新疆ウイグル自治区書記に異動した陳全国は、チベットで長年評価された弾圧の手腕をふるい、ウイグル語の使用を禁止し、中国語のみ使用させるという教育政策を実施した。これは、その後の「強制収容所」において決定的となる、東トルキスタンの民に対する漢民族への同化、民族浄化政策の役割を果たす武器の一つとして露骨に展開される。「強制収容所」の実態については次章で詳しく述べるが、こちらでは東トルキスタンを「強制収容所群島」に変えた陳全国の人物像についてまとめておくことにしたい。

陳全国は、一九五五年十一月、河南省駐馬店市平輿（へいよ）県生まれ。「農民の息子」で、習近平などと違って、有力な政治家・官僚を親にもつ「太子党」ではなく、叩き上げの共産党員。一九七三年に人民解放軍の兵士となり、一九七六年に共産党に入党すると、翌七七年に自動車部品工場の工員となる。

陳全国に訪れた最初のチャンスは、大学入試の再開だった。在学中に二度目のチャンスが訪れる。一九八〇年各省の党委員会が大学生の中から優秀者を選抜して、地方の現場で経験を積ませた後に、将来の指導者の候補にするというもので、陳全国はこのチャンスをものにして、最初の「選調生」に選ばれた。習近平と違って、特別なコネクションをもたない陳全国にとって、このチャンスは党官僚としての出世の足掛かりをつかんだことを意味した。

一九九八年に陳全国は、河南省漯河(らが)市のナンバーツー（党委員会副書記・市長）から一躍同省の副省長に抜擢され、以後、二〇〇〇年に同省の人事部門のトップ（組織部長）、二〇〇三年に同省党委員会副書記などを歴任した。二〇〇九年に河北省のナンバーツー（党委員会副書記・省長）に昇格し、二〇一一年にはついにチベット自治区のトップ（党委員会書記）に君臨するようになる。なお、二〇〇二年から二〇〇四年にかけて、李克強が河南省のトップ（党委員会書記）を務めており、その間、陳全国は部下として李に仕えていたことになる。こうした経緯から、陳全国は李克強の腹心と見なされ、胡錦涛派に分類されている。

二〇一一年、陳全国はチベット自治区のトップに抜擢。彼の在任期間中、チベット人の焼身自殺が多発。チベットでの辣腕が共産党によって評価され、二〇一六年より現職。

「バイリンガル教育」の現場レポート

こちらのアンケートは二〇一五年に、著者がウルムチのウイグル人四人に電話インタビューをして、「バイリンガル教育」について聞いた現場の声（記録）である。

新疆大学元教師（58歳）女性　専門は古代ウイグル語、中国語もできる　ウルムチ在住

「バイリンガル教育」が始まってからウイグル語の教師枠が削減され、「新疆大学新聞」ウイグル語版の編集者として異動になった。新聞のウイグル語版は今年で廃止されるため、私は正真正銘の失業者になる。私だけではない。私と同じような、ウイグル語で書かれている出版物の編集者を含め、ウイグル語出版業界に失業者が日増しに増えている。

――中国語ができるのにどうして異動になったのか？

三十年間教育の現場で働いて学生に教え、学術論文もたくさん書いてきた。私の学術論文がウイグル語で書かれたために、評価の対象とされなかった。非常に悲しく思う。ウイグル語で書かれた論文が評価の対象にされない状況が続くと、ウイグル語で書かれる論文の数が減るのと、中国語で書いておけばなんでもいいという非常に悪い風習ができてしまう。論文の質がおちる。懸念すべきことである。私はこの現状には納得できない。

中学校のウイグル人化学教師（28歳）男性　中国語ができる　ウルムチ在住

新疆大学を卒業してからウルムチ市内の某中学校で化学の教師になった。「バイリンガル教育」制度がはじまり、たくさんの有能なウイグル人の先生たちが「中国語で教えられない」との理由で一夜にして解雇された。代わりに採用されたのが中国の内地から来た若い漢民族の青年達である。問題は彼らの中に標準中国語（北京語）が話せず、故郷の訛りがきつい先生が何人もいることだ。彼らの言葉をウイグル人の学生たちは全く理解できない。中に高校卒レベルの教育しか受けてないものがいる。

この前、化学実験教師として採用された漢民族の先生は教室で二回化学爆発事故を起こした。学生と本人が軽い怪我を負った。学生たちが不慣でならない。分からないことがあっても質問できない。ウイグル人には中国語を要求するのだが、漢民族は中国語ができれば十分という考えはおかしい！　ウイグル人の学生を教える漢民族の先生にウイグル語を勉強して欲しい！　そうじゃないと実質中国語による「単語教育」になってしまう。学生の能力が低下している。

大学受験に落ちた女の子（18歳）ウルムチ在住

ウルムチ市の某民族高校卒だが、大学受験に失敗して今は家にいる。卒業した高校は民族高校だが、今は民族高校でも授業が中国語で行われている。大学受験に落ちた原因は、中国語が分からないため授業の内容が理解できず、高校では成績が良くなかったから。大学受験でも中国語で書かれた問題を理解するのに時間がかかり、解くための時間が足りなかった。

小学校まではクラス（ウイグル語でウイグル人の先生）で五本の指に入るほど成績がよかった。中学校になって理系が中国語になり、分からなくなった。中国語での数学と物理は全く理解できなかった。家でも中国語で私に教えられる人がいなかった。文系がウイグル語だったため、文系を頑張って点数を稼いで（文系で一〇〇点をとったりした）クラスで十番以内に入れた。高校に入った瞬間、すべての授業が中国語に代わった。成績が落ちて、クラスの五十名のうち、一番良かった時でも四十七位にしかならなかった。大学で医学を勉強して医者になって、商人の親の面倒を見てやりたかったが、叶わなくなった。「バイリンガル教育」に適応できていたならば、私には夢も将来もあった。

六歳の幼稚園の女の子の父　有名なウイグル言語学者で、作家　カシュガル在住

母国語のウイグル語が堪能に話せるよう、育てたかった。幼稚園は「バイリンガル教育」の幼稚園であったが（ウイグル語だけの幼稚園はなかった）、ウイグル語を話すことは中国語が早く習得できなくなるという理由で禁止されていた。家ではウイグル語を使っている。今のところ、中国語も、ウイグル語も中途半端な感じがする。先日、幼稚園で中国語で「虫は火を食べる」と言ってしまって、嘘つきと呼ばわれ、先生にも叱られたらしい。ウイグル語では草（ot）と火（ot）は同じ言葉だが、アクセントが違う。その違いをちゃんと理解していなかった。小さい時のバイリンガル教育が如何に困難であるかということが身に沁みた。

ウイグル語と「バイリンガル教育」未来の展望

ウイグルの某大学の現職教授、言語学者、作家、海外留学経験あり

――「バイリンガル教育」の現在の問題点とウイグル語の未来についての考えをお聞かせ願います。

一、数多くの失業者を生んだ（中国語で講義内容を説明できない経験豊富なウイグル人の先生たちが泣く泣く教育の現場を離れなければならなくなった）。

二、彼らの替わりに大量の漢民族がウイグルの教育現場で職を得た（彼らは教えられる教育レベルに達していない者や、ウイグル語、ウイグルの習慣を知らない者が多く、ウイグル人教育のレベルの低下と民族対立を生む原因になっている）。

三、小さい時からのバイリンガル教育は子供達に負担となり、ウイグル語も中国語もろくにできない中途半端な子供たちが増えた。また低学年からの中国語の理系の説明について行けないため、現在の子供たちの成績が非常に低下し、学校に行く意欲も低くなってしまった。

四、中国語の習得ばかりが唱えられているため、ウイグル人が逆にウイグル語の存続に危機感を持ち始め、ウイグル人の間で「母国語であるウイグル語を大切にして守ろう」という呼び声もじわじわと広がりを見せている。

皆が心がけていることは、まず自分自身からウイグル語を守っていく！という強い意識である。まず、毎日話している言語から、外来語をボイコットする動きが目立つ。

私のある学生が仲間と一緒に「ウイグル語翻訳グループ」なるグループを立ち上げた。外来語としてウイグル語の中に入ってそのまま定着し続けている「中国語」や「外来語」にウイグル語をあてはめ、定着させる活動をしている。「takeout」という言葉が中国語の「打包」という言葉のままにウイグル語に定着していたが、これをウイグル語の「zelle＝ゼッレー」という言葉に代えた。

ウイグル人社会と地元政府も、今年の夏に入りようやくこの問題に対して重い腰をあげた。二〇一三年六月十五日、十六日にわたって、新疆大学で「ウイグル語研究とウイグル語教育」というテーマで国際学術会議が行われ、新世紀においてウイグル語とウイグル語による教育に現存する問題点を、どうやって克服して行くかということが主に討論された。政府はまたＷＳＫ（ウイグル語水平考試）を漢民族に実施するような政策も討論している。その対象や実施などが注目されているが、これは大きな一歩である。

――ウイグル語の今後はどうなっていくのでしょうか。

ウイグル語は現在、「最大の危機」に直面したと言われている。ウイグル語の歴史、歩みを振り返ると、ウイグル語はいつの時代も「危機」に直面し、またそれを乗り越え、今の時代まで生き延びてきた。今回の危機もウイグル語の躍進のチャンスと捉え、危機をチャンスに変える能力が試される「機会」であって欲しいと私は考えている。ウイグル人は一〇〇〇万人いる。中国では「少数民族」と言われているが、決して少数ではない。政府の言う通り、経済発展と就職につながるよい結果を出すことが待たれよう。

第五章　強制収容所の実態

強制収容所の規模・収容された人々・中国当局の嘘

中国共産党が侵略下の東トルキスタンに強制収容所を作って、東トルキスタンで暮らすウイグル人をはじめとするカザフ人、キルギス人などを強制収容所に入れて洗脳していることは今や周知のことである。中国政府はこの強制収容所を「再教育センター」「職業訓練所」という名で呼び、未だに「強制収容所」など存在しないとしている。

「強制収容所」という言葉を初めて公の場で正式に使用したのは、アメリカ国防総省アジア・太平洋安全保障担当のランドール・シュライバー次官補である。彼は、二〇一九年五月の記者会見で、ウイグルにおける集中営（収容施設）を初めて「強制収容所」と呼び、ウイグルの人口の三割を超える三〇〇万人以上のウイグル人が拘束されていると非難した。

「強制収容所」の数については、日本ウイグル協会が東トルキスタン全土に一〇〇〇以上存在すると発表している。アメリカ・ワシントンに本拠地を置く東トルキスタン国民覚醒運動（ＥＴＮＡＭ）は、グーグル・アースで地図画像を調査し、分析した結果「強制収容所」と見られる一八二ヶ所と刑務所と見られる二〇四ヶ所、労働収容所と見られる七十四ヶ所を特定したと発表している。

二〇二〇年九月二十四日に、オーストラリア戦略政策研究所のネイサン・ルーサー氏によると、ウイグル強制収容所に関する報告書が発表された。この報告書では「収容所の数はこれまでの推定よりも多く、三八〇の施設が確認された」と言う。「二〇一九年に新たに六十ヶ所以上が建設され、さらに十四の施設が現在建設中という。新しい収容所はセキュリティレベルが高い」とも指摘している。

同じく、ビター・ウィンター氏が中国共産党内部の情報筋により掴んだ情報によると、中国当局はウイグルの混雑した刑務所及び強制収容所から、中国の南モンゴル自治区、甘粛省、東北地方の黒龍江省などに大勢の被拘束者を移送している。その数は五十万人に及ぶという（二〇一八年十二月二十日付記事「大規模な強制収容を隠すため、移送されたウイグル族」、二〇一九年四月五日付記事「甘粛省の刑務所にも大勢のウイグル族を拘束」）。

二〇二〇年七月十九日早朝のＢＢＣ番組「アンドリュー・マ・ショ」に出演した駐英中国大使の劉暁明は、インドのテレビ局が撮った、目隠しされ、膝をつき、髪の毛が剃られたウイグル人が列車に乗せられているドローン映像を見せられたが、「何の映像かわからない。前もこのような映像を見せられた。この映像をあなたたちがどこで入手したかも知りません。西側の情報はでっちあげで中国を攻撃している」とウイグルでの強制収容や人口の強制制限などを否定している。

この番組の取材に対して、放映当日に英国外相のドミニク・ラーブ氏が「ウイグルでおぞましい、甚だしい人権侵害が起きている」として中国政府を非難し、関係者への制裁措置もあり得ると表明、「長年見られなかったことが思い起こされる。イギリスは同盟国と連帯して、適切な処置を取る」とした。

このような西側の証拠のある指摘に対しても、中国政府は一貫して「強制収容所」の存在を否定している。また「新疆ウイグル自治区に暮らす各民族が平等に幸せに暮らしている」とした上、「再教育センターにおいて過激なテロ思想に染まったウイグル人を正しい道に導くために教育している。職業訓練センターにおいては、職業に就いて本領を発揮させるために手に職をつけてあげている」と主張している。

また同番組で、劉暁明は、「今、再教育センターや職業訓練センターの学生たちは皆卒業した。皆さん家に帰った」と断言している。劉暁明の真っ赤な嘘と裏腹に、中国当局に囚われた大勢のウイグル人が、未だに生死不明のままであることは事実である。彼らはウイグル社会の文化を担う知識人・学者・宗教指導者・経済界の人々である。

新疆大学教授で国際的にも有名なウイグルの民俗学者のラヒラ・ダウット氏をはじめ、私たち在外のウイグル人が確認できた有名なウイグルの知識人四八〇名（※巻末リスト参照）が、今中国当局に囚われ、強制収容所にいる。彼らの多くは高学歴であり、中国語が堪能である。中国当局はいわゆる「再教育センター」で、一流のウイグル人知識人に何を勉強させ、今後どんな職業に就けるつもりなのか？　是非とも答えて欲しい。

しかし、国際調査団を受け入れない中国政府の言い訳と嘘に、いつまでも国際社会が騙されているわけではない。最近運よくその「地獄」から逃れた何人かの収容者たちの証言、およびアメリカにいる研究者のエイドリアン・ゼンツらの学問的かつ詳細なデータによって、「強制収容所」の内部が明らかになってきた。

強制収容所に囚われたウイグル知識人の一部

そしてこのような信頼できるデータを元に、アメリカに本拠地を置く東トルキスタン亡命政府と東トルキスタン国民覚醒運動の代理を務める弁護団は、習近平と中国政府を対象に国際刑事裁判所（ＩＣＣ）に「ウイグル人虐殺および人道犯罪行為について中国高官に対して調査を開始するよう」に求め、中国当局のウイグル人虐殺や人道に対する犯罪などの信頼できる証拠を提出し、受理された。中国はローマ条約の署名国ではないが、ウイグル人に対する犯罪行為の一部がローマ条約の署名国であるタジキスタンとカンボジア領内で発生したために受理されたという。

証人たちの証言で露わになった強制収容所の仕組み

「強制収容所」と言っても、その内部の仕組み、そして具体的に何が行われているかについては、二〇一六年に強制収容所問題が世間に明るみに出てからおよそ二年間は、はっきりしたことが分からなかった。

最初にこの世の「地獄」と言われている「強制収容所」の実態を世界に明かしたのは、

カザフスタン国籍のウメル・ベカリ氏である。彼は中国当局により、およそ八ヶ月間収容された後に、カザフスタン政府の働きかけにより釈放されたという。

ウメル・ベカリ（男・48歳・ウイグル人とカザフ人のハーフ）の証言

ウメル氏は、一九七一年にウイグルのトルファン市ピチャンで生まれた。二〇〇七年にカザフスタンに移り住み、カザフスタン国籍を取得した。カザフスタンとウイグルの間を往復しながらビジネスをやっていた彼は、二〇一六年からカザフスタンの旅行会社に勤めるようになった。

二〇一七年三月、彼はカザフスタンの首都アスタナ（現ヌルスルタン）で開催予定の産業見本市の準備会議に出席するために、ウルムチに行き、準備会議を終え、実家の両親に会うためにピチャンに戻った。十六日に、実家にやってきた警官五人に一枚の書類もなく連行された。最初に彼にかけられた容疑は「テロリストであることを隠している。テロ活動とテロを扇動することを企てた」ことだった。彼は手錠をかけられ頭に黒い頭巾を被せられ「カラマイ市技術研修センター」という名の収容所に送られた。

送られた先では、まず病院で身体検査と採血が行われ、この検査の間も頭に被せられた頭巾を取ることができなかった。ウメル氏は身体検査の間、「もしかしたら、このまま身体から臓器が取り出され、売られるのではないか」と心配したらしい。カザフスタンにいる時、

ウメル・ベカリ氏

中国で臓器売買が行われる話を嫌というほど聞いていたために、恐ろしさを感じたそうだ。

彼が送られた「カラマイ市技術研修センター」には、その当時およそ千人近く収容されていて、その八割がウイグル人で二割がカザフ人だったらしい。結局ウメル氏の頭から黒い頭巾が取られたのは、彼の手と足に鉄の枷（かせ）がつけられてからで、他の人も同じように手と足に鉄の枷がつけられていた。

彼は地下室で尋問を受け、海外のウイグルの組織と連絡しているかなどと事細かく聞かれた。その後、漢民族のリュウという所長に「お前が外国国籍であったことは幸運だったが、さもなければ私の怒りを見せてやったところだ」と言われ、留置所に入れられたそうである。その後、ウメル氏が入れられた留置所からは、毎週のように四、五人のウイグル人がいなくなっている。

ウメル氏は、その後「再教育施設」に移され、朝から晩まで「共産党が一番、共産党がなければ新中国もない」「社会主義は良い」との歌やスローガンを中国語で暗唱し、毎回の食事の前に、習近平への感謝の言葉「習主席に感謝し、党に感謝し、国に感謝し、習主席の健康と長寿のために祈る」と唱えさせられた。毎日の生活は、思想改造的な共産党への感謝以外に、二時間ほどの軍事訓練が日課だった。毎朝の国旗掲揚に参加し、行進、気をつけの号令、伏せなどの訓練が行われた。少しでも命令に不服従の態度を示せば、棍棒を持って待機していた武装警官に殴打された。

小さな部屋に二十数名の年齢層が異なる男性がいて、教師、弁護士、政府職員、医師など正規の職業を持つ人が多く、中には一家で収容された人もいた。二十数名の男性が、狭い一室で食事もトイレも済ませた。毎日行われた「洗脳教育」に対するテストが必ずあり、不合格の人は食事を与えられず、夜眠る時に手足が縛られた状態でヘッドホンより大音量の音楽を流され、眠ることが許されないなどの罰が与えられた。

ウメル氏は強制収容施設で八ヶ月間以上の時間を過ごし、カザフスタンにいる奥さんが、何度もカザフスタン政府に彼の救出を懇願し働きかけた結果、釈放された。釈放された時の体重は元来の体重より三十キロ近く減少していた。釈放されてからの彼は、「強制収容所」にいる多くの苦しめられている人々の声を世界に届けたいとの思いで、証言を始めた。しかし、カザフスタンの中でも身の危険を感じ、トルコ国内に移り、今はオランダで暮らしている。

中国屈指の名門・北京大学卒業という高学歴の彼は、執筆活動を行いながら、世界各地で「強制収容所」の実態を世界に伝える活動をしている。

最後に、彼の証言で印象的なものを紹介しよう。

私が入れられた収容所の一部が女性の刑務所らしく、夜遅くに女性たちの悲鳴がいつも聞こえていた。女性たちがはっきりと「私を殺して、その方がまし」と泣き叫ぶ声も聞いた。彼女らの声がもっとも辛い経験で、耐え難かった。レイプか拷問されているのではと推測した。手も足も動かせない状況だったが、彼女たちのために立ち上がろうと決心した。

グリバハル・ジャリロワ（女・55歳・ウイグル人）の証言

グリバハル・ジャリロワ氏は、カザフスタン国籍のウイグル人で、中国とカザフスタンの国境で商売をしながら、ウルムチとカザフスタン間を往復していた。

二〇一七年五月、彼女は商品を卸すためにウルムチに行った際、突然ホテルに押しかけてきた武装警察に逮捕された。彼女にかけられた疑いは「テロリストへの資金提供」だった。

グリバハル・ジャリロワ氏

彼女もまたカザフスタン国籍であるために、カザフスタン政府の中国外務省を通しての多数回にわたる働きかけによって、二〇一八年九月、逮捕されてから四六五日経って、やっと釈放された。グリバハル氏は、逮捕された時の状況をウイグルのネットテレビでこのように語っている。

逮捕された時にほぼ二十四時間水を与えられなかった。喉が渇いて何回も水を要求したが与えられなかった。とても辛かった。携帯電話を取り上げられたから、「思いきり調べなさい。あなたたちが私に疑いをかけている罪の証拠などどこにもない」と言った。

狭い部屋に十七歳から七十歳までの女性たちが四十名ほどいた。多くの女性たちはなぜ自分が捕まったか、はっきりした原因がわからなかった。彼女たちは、携帯で外国の歌や番組を見たことを調べたのだろうかと推測していた。

彼女らの中の多くが正規の職業に就いた人々であった。ウイグルを代表する有名な作家、医師、看護師、教師や政府機関で働いていた人々がほとんどだった。北京や上海の有名な大学を出ていた彼女らは中国語がペラペラのはず。私はカザフスタン国籍で公用語はロシア語であるため、中国語は全く話すことができなかった。

私たちは毎日朝起きて、中国語で「共産党や習近平主席は偉大である」などの簡単な中国語を習い続けた。生理の時に報告したら、何枚かの紙をもらえるだけだった。

宿舎は狭く、衛生状況が悪かった。全員が一度に横になれるほど広くないので、夜は二時間ずつ交代で寝た。寝るために順番を待つのを収容所では「当班(トウバン)」と呼んだ。

収容所の同じ部屋にいた、有名なウイグル人の作家の名前が私と同じグリバハル(Gulbahar)だった。彼女は私に「あなたは外国籍だからいずれ釈放されるだろう。

外の自由な世界に出た時に、必ず私たちの声を国連などに届けてください」と頼んだ。私は彼女らの名前を忘れないようにノートにメモして持ち歩いている。彼女たちを忘れることはない。この収容所に入ってからずっと何年も尋問もされずに置かれたままの人もいれば、尋問に連れていかれて意識不明になって帰る人もいた。意識不明になって帰ってくる人を私たちは何とか介抱した。

ある若い女性が、精神を病んで話すことや言葉を聞く能力を失った。ある日、その女性を水で洗って清浄にするように命令された。体を洗った後、その女性は連れていかれた。その後は分からない。

収容所内での取り調べの後に、罪の軽重により刑務所か再教育センターに移されるのが通例だった。しかし罪と言ってもだいたい携帯電話で外国の番組や歌を聞いたなどの罪で、他には何の罪もない。ウイグルネットテレビの司会者が、若い男性が彼女に直接聞いた質問がずっと私の脳裏に残っている。

「グリバハルさん、収容されている女性たちに、看守などによるレイプはあったかどうか教えてください」。

グリバハル氏はこの質問について「看守は全て女性だった。レイプはなかった。拷問はあった」とはっきりと答えていた。また、彼女の商売のためのお金が全部当局に没収されてしまったとも明かしている。

グリバハル氏は釈放後、収容所から女性の武装警官に護送されて高級ホテルに一緒に泊まったときに、収容所で真っ白になってしまった彼女の髪の毛を警官が染めてくれたのには驚いたという。「たぶん、収容所で恐ろしい姿になった私を少しでもマシに見せるためだったのだろう」と彼女は苦笑いしながら収容所の悲劇を語った。

グリバハル氏もまた、カザフスタンで身の危険を感じトルコにしばらく身を寄せていたが、二〇二〇年十月にフランスに亡命した。今はフランスで暮らしている。

サイラグリ・サウットバイ（女・43歳・カザフ人）の証言

サイラグリ・サウットバイ氏は収容所で看守として働いていたカザフ人女性だった。実は彼女は、収容所から釈放された被拘束者の一人ではなく、言わば「拘束」する側の人間だった。しかし、彼女はその「収容所」内で行われている残虐な行為に精神的に耐えることができなくなり、「強制収容所」の職業を放棄してカザフスタンに逃げたのだった。

そしてカザフ人の彼女がカザフスタンに不法入国した罪で逮捕され、法廷で、中国政府がその存在を否定している「強制収容所」が実際に存在していることと、自分がそこで看守として働いたこと、いつか自分もそこに入れられたウイグル人やカザフ人の受刑者と同じ悲惨な目に遭うことを恐れてカザフスタンに逃げてきたことを証言した。

カザフスタン政府は、中国政府によるサイラグリ氏の引き渡し要求を押し切って、無罪となった彼女を、カザフスタンの家族の元に返した。

彼女のこの裁判は、カザフスタン国内だけではなく、国際的にも大きな関心を集めた。彼女が法廷で、いわゆる「再教育センター」の内部について詳しく証言したからだった。

サイラグリ・サウットバイ氏

アメリカに本拠地を置く「ウイグルタイムズ」に、サイラグリ氏がイスラエルのハアレツ新聞に泣きながら語ったという衝撃的な内容が掲載されている。その内容をこのままこちらで紹介することにする。

ある日、警察は再教育が成功したかどうか、適切に進行しているかを確認すると言った。彼らは男性、女性含む二〇〇人の収容者を外に連れて行き、女性一人に自分の罪を告白するように命じた。彼女は私たちの前で、自分は昔、悪い人だったが、今は中国語や法律を学んだので生まれ変わったと発表した。発表後、警察官が彼女に服を脱ぐように命じ、全員の前で次々とレイプした。警察官が彼女をレイプしている間、彼らは私たちがどのように反応しているか確認した。顔を背けたり、目を閉じたり、怒りを示した人々は連れ去られ、そのまま戻って来なかった。

サイラグリ氏はその後、無力感と彼女を助けられなかった気持ちを忘れられず、夜も眠れない日々が続いているという。サイラグリ氏は今スウェーデンに亡命中である。

彼女は、二〇二〇年十一月二十二日付「ドイツの声」にも、中国語で以下のように答えている。

私が強制収容所で目にしたものを表現すると、そこは地獄のような恐ろしい場所だ。私が中国語の教師をしていた収容所には二五〇〇人ほど収容されている。部屋の四つの角に監視カメラが設置されている。しかし「黒屋」と呼ばれる一つの部屋があり、そこは監視カメラが設置されていない。その部屋は警官が収容者の身体を意のままにできる部屋である。

私が最も忘れられない辛い出来事の一つは、とても若い女の子がいつも警官の集団レイプにあっていたことである。この衝撃を私は忘れられない。ドイツ政府に中国共産党が東トルキスタンで行っている犯罪行為を「ジェノサイド」と認定している他の国々に同調して認定し、中国共産党を牽制して欲しい。ドイツ政府が、中国との貿易以上に、人間の命とその重さを尊重して欲しいと思っている。

彼女について中国政府は、「サイラグリの言っていることは全くの嘘であり、働いた経歴がない」としているが、サイラグリ氏は「中国政府のいつもながらの嘘であり、私の証言が国際社会に影響があったことの証拠である」として真っ向から反論している。

彼女はまた収容所で働いた時の経験を元に、共著で『THE CHIEF WITNESS escape from China's modern-day concentration camps』を二〇二一年六月十五日に刊行予定。

ミリグリ・トゥルソン（女・29歳・ウイグル人）の証言

証言者の中で最も若いミリグリ・トゥルソン氏は、二〇一五年から二〇一七年にかけて三度投獄された際に受けた拷問と、細かい健康診断やＤＮＡ鑑定を受け、薬を飲まされたことなどをアメリカ議会などで証言している。

ミリグリ氏はウイグル南部タクラマカン砂漠沿いのオアシスのはずれにあるチェーチェン生まれ。高校卒業後、留学のためにエジプトに渡り、エジプト籍のウイグル人男性と結婚し、三つ子を授かった。

子育てを実家の母に手伝ってもらうために二〇一五年十一月にウイグルに帰った時にウルムチの空港で拘束され、三つ子と離れ離れになった。三ヶ月後に突然留置所より「子供が病気」ということで呼び出され、病院に連れて行かれ、三つ子のうちの一人の冷たくなった遺体を渡された。泣くことも原因を聞くことも一切許されなかったそう。子供二人と実家に身を寄せた彼女は、二〇一七年に再度逮捕され、四日間尋問を続けて受け、眠ることも許されなかった。一旦釈放されたが、数ヶ月後に三度目の逮捕をされ、六十名のウイグル人女性と共に強制収容所で三ヶ月間過ごした。

彼女は強制収容所で毎日薬を飲まされて生理が止まったこと、食事を極力少なくすることでトイレの回数を減らされたこと、全身裸でガラスのような家に入れられて検査を受けたこと、収容されている数ヶ月の間に同じ部屋にいた九名のウイグル人女性が亡くなったこと、電気椅子に座らせられ、頭にヘルメットを被せられ、手と足を固定され、二回ほど感電させられる拷問を受け失神したことなどを明かし、感電させられる度に全身に耐え難い激しい痛みが走り、震え、口から白い泡が出たとアメリカ議会で証言している。

ミリグリ・トゥルソン氏

彼女の生き残った二人の子供の国籍がエジプトだったために、在中国エジプト大使館員が中国政府と交渉し、小さい子供を母親から離すべきではないとのエジプト政府の働きかけにより、子供たちと一緒にエジプトのカイロに渡り、その後二〇一八年九月にアメリカ政府の保護によりアメリカに渡って、今はアメリカで暮らしている。

彼女はウイグルの強制収容所に入れられた時に警官による顔へのビンタで、今は片方の耳が聞こえないためアメリカの病院に通っていて、治療費が高額のために多額の借金ができたこともウイグル系のネットで話している。また強制収容所から出てきた時に、自分の着ていた洋服や高価な装飾品、鞄、お金なども返してもらえなかったことを告白した。

ミリグリ氏の証言が世の中に広まり、人々が「強制収容所」の中と中国共産党の残虐さを知る確かな情報源になった。彼女の三つ子の一人が命を母親が全く知らないところで奪われた事実はCNNなどでも取り上げられた。中国共産党が事態を懸念し、総力をあげてミリグリ氏の証言は「嘘」であると主張し始めた。

中華人民共和国の国営中央テレビ国際グローバルテレビジョンネットワークの国際放送であるCGTNは、二〇一九年三月二十一日放送の「ミリグリ・トゥルソンの嘘を暴く」と題されたドキュメンタリー番組の中で、ウルムチまで行き、ミリグリ氏の実家を直撃し、彼女の母親に、亡くなったとされる三つ子の一人の写真を見せ、その子が今も生きていること、エジプトの義理の息子の親族（お姉さん）に預けられていることなどの証言、そして三つ子が肺炎で治療を受けたとされるウルムチ市児童病院の医師の証言や詳細なカルテを番組で紹介し、最後にミリグリ氏と三つ子が北京国際空港から出国している記録を警官が提示し、ミリグリ氏と三つ子が無事に中国を離れていることを強調する形で伝えている。番組の中にまた、中国外交部の華春瑩報道官がミリグリ問題について正式に行った記者会見の中の「ミリグリ・トゥルソンは中国に何度も行き来している。そして過去五年に満たない間に結婚と離婚を何度も繰り返している。三人の子供を外国に無事に連れて行った記録は残っている」との発言も組み込まれている。

強制収容所の中の様子

私は事実をより正確に読者に伝えるために、この番組の内容を繰り返し、繰り返し見てチェックした。中国のCGTNが力をいれ、ミリグリ氏の証言を嘘と思わせるために頑張って作られた番組であることは認めるが、ミリグリ氏の母のウイグル語の発言にしろ、中国語の医師や警官の発言にしても確かな証拠として使えないものばかり。言わば発言のグレーゾーンの一部だけを切り取り、その発言に合わせて、中国人の司会者が一方的な結論を言って視聴者に自らの主張を押し付けていることが印象に残る。中国が国をあげてこのようにミリグリ証言を「嘘」として位置付けようとしていることは他の証人に対しては見られないことであり、在外ウイグル社会においても注目されている。

他の証言者のウメル・ベカリ氏、グリバハル・ジャリロワ氏、サイラグリ・サウットバイ氏らはフェイスブックなどのありとあらゆるSNSにおいて国際社会に強く「強制収容所」の内部と自らの体験そしてその恐ろしさと非道を訴える活動をしているが、ミリグリ氏は、中国のこの番組について反論しなかった。そしてSNSなどにおいて活発な証言や訴えが見られないところが、在外のウイグル人がミリグリ証言に注目するもう一つの理由にもなっている。

彼女があまり活動的ではない理由として、二人の子供がまだ小さいこと、彼女が収容所で薬などを飲まされて心身にダメージを受け、今は治療しながら子育てに専念しているということも十分考えられるとの指摘も当然ながらある。

ズムレット・ダウット（女・37歳・ウイグル人）の証言

ズムレット・ダウット氏はウルムチ生まれ・育ちのウイグル人である。彼女はウイグルとパキスタンの間で商売をするパキスタン人と二〇〇五年に結婚して、三人の子供（夫がパキスタン国籍のため、中国の計画出産と無関係）を儲けている。

彼女は二〇一九年九月二十四日にアメリカ外務省が国連ビルで開いた「東トルキスタンにおける人権危機」国際会議において、以下のように証言している。

私は、二〇一八年三月三十一日にウルムチの自宅からパキスタンに送金の記録が見つかったとして警察に連行され、二十四時間水も与えられず尋問を受けた後に、ウルムチで元々ベイジャン刑務所と呼ばれた、中国政府がウルムチ市高度科学技術発展区再教育センターと呼ぶ所に連れて行かれた。パキスタン人の夫が他のパキスタン人と共にデモを行い、北京のパキスタン大使館へ訴え、在中国パキスタン大使による中国政府への働きかけによって釈放されるまでの二ヶ月あまり、私はこの場所で過ごすことになった。

尋問が終わると、頭に黒い頭巾を被されてから収容所に連れていかれ、全身の検査及びＤＮＡ検査、角膜の検査まで行った。強制収容所では毎日薬を飲まされ、生理が止まった。生理は止まったまま、今も来ていない。毎週一回注射を打たれた。注射を打たれた後は意識が朦朧になり、不安や恐れる気持ちが消えた。また打ってくれないかとその注射を待つようなった。なんの注射かは分からない。自分の食べ物を体が優れない他のウイグル人女性に与えたら棒で殴られた。

彼女は二ヶ月後に釈放されてから、無理やり避妊手術を受けさせられた時に周りに自分と同じ避妊手術を受けさせられているウイグル人女性が大勢いたことも明かしている。釈放されて彼女は夫の故郷であるパキスタンに行くことになったが、中国政府が彼女と子供らのパスポートをなかなか返してくれなかったという。パスポートを返す条件として一万八〇〇〇人民元（日本円で約二十八万五千円）の罰金を払うことを要求され、計画出産に違反して子供を三人産んだ罰金だと言い、子供の父親がパキスタン人でも関係ないとお金を徴収した後、パスポートを返した。

ズムレット氏は今移住しているアメリカで、二〇一九年から二〇二〇年の秋までの間に複数回にわたってアメリカのワシントンに本拠を置くラジオ・フリーアジア（ＲＦＡ）の取材に答えている。取材の中で彼女は、「強制収容所」の中の様子だけではなく、ウイグル社会の全般的な様子も詳しく伝えている。彼女の証言から、中国政府がウイグルで行っている「ウイグル人の漢民族、双子の親戚」政策の詳細が伝わった。

彼女の家族に、パキスタン人の夫を除く子供三人と自分に、計四人の漢民族の親族がいたという。この四人の漢民族の「親族」は、月に何回か彼女の家に泊まって、一緒にご飯を食べ、家の中を観察してメモを取り、会話の内容をメモに取り、質問をしてはメモを取った。ズムレット氏が驚いた様子を示すと、「上に報告をしないといけない」「私たちの責任と義務は重い」と漏らすこともあったという。

ズムレット氏は、この漢民族の「親族」はウイグル人家族にとって経済的、精神的に負担であることも明かし、悪いように上に報告されたらすぐに収容所に行かされる恐れがあるので、ウイグル人は

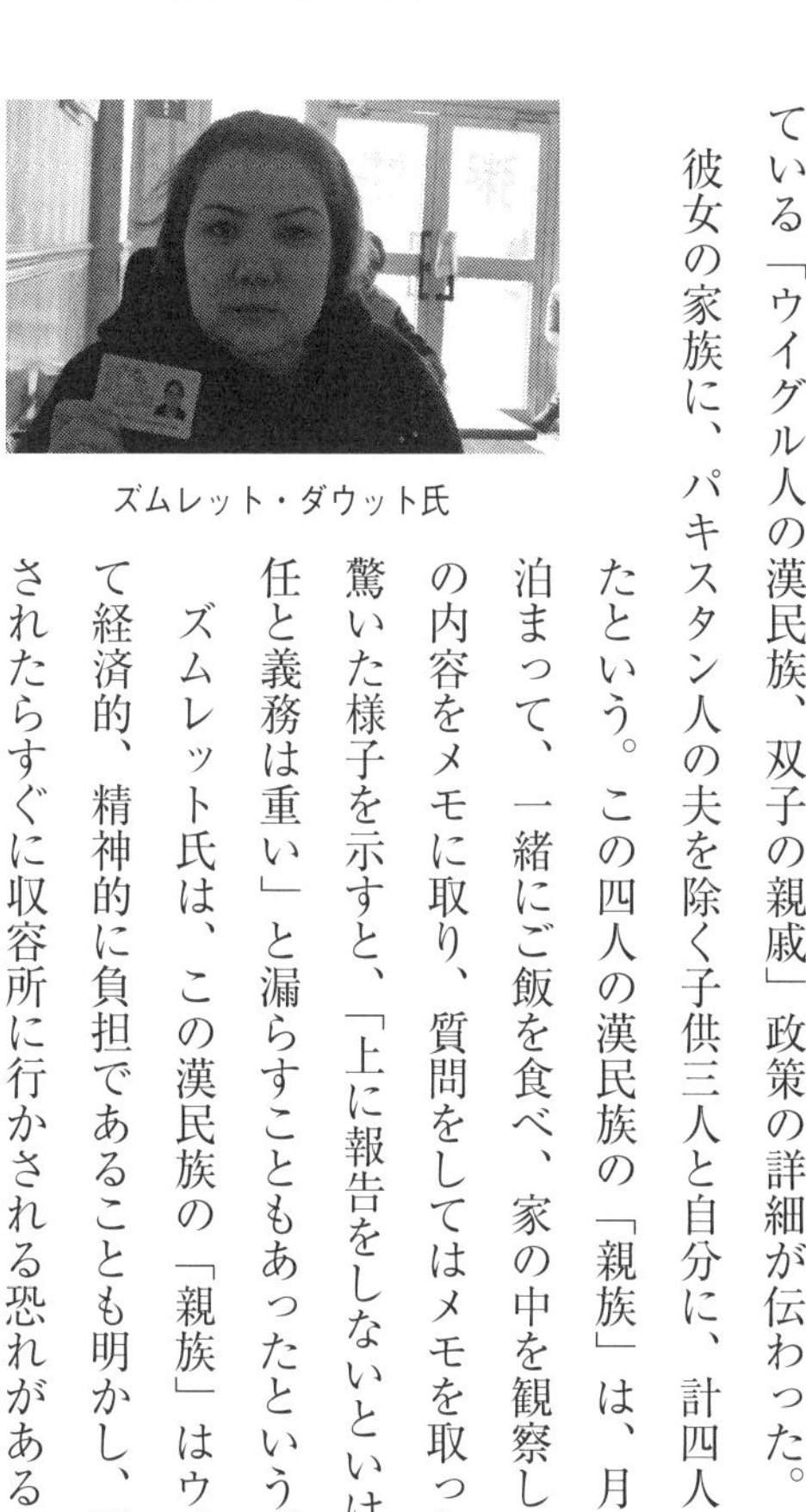

ズムレット・ダウット氏

怖がって接している、と語る。

「彼らは、私たちウイグル人には好きな質問を好きなだけすることができるが、私たちは彼らの本当の名前や職業、家族構成など、何も聞くことができない大変不公平な関係で、ウイグル人の家に送り込まれた漢民族のスパイに他ならない。ウイグル人は今社会だけではなく、家の中までもが監視カメラ及び漢民族を送りつけられ、頭の中まで監視されるようになった」と話している。

ケリビヌル・スデック（女・51歳・ウイグル人・強制収容所中国語教師）の証言

ケリビヌル・スデック氏は、ウルムチで生まれ育ったウズベク人。二〇一七年三月一日から二〇一八年八月までウルムチ・サンファング区に造られた三千人収容されている「男性収容所」で中国語を教え、二〇一八年九月から十月の末までウルムチ市トグン地区に造られた「老人ホーム」と呼ばれる一万人の女性のみ収容されている「女性強制収容所」で中国語の教師として働いた。

二〇一九年十月に、オランダで暮らす娘の結婚式を口実に中国から脱出した彼女は、そのまま亡命し、ウイグルの現状と「強制収容所」の実態を在外のウイグル社会と海外のマスコミに伝え始めた。彼女はＲＦＡの「私が強制収容所で見た虐殺を黙っている訳にはいかない」と題されたシリーズで六回にわたって「強制収容所」内部の状況を詳しく伝えている。

ケリビヌル氏は、大学卒業と同時に、ウルムチ市第二十四小学校で中国語の教師として働いたが、二十八年経った二〇一六年、強制収容が始まったのと同時に、彼女の人生にも大きな転機が訪れる。彼女はウイグル教育界の優秀な教師として認められていたが、この業績と彼女の家族や親族に政治的な問題が全くないことが「評価」され、彼女は二〇一七年三月に当局に「教育を受けてない人々の学習に携わる教師」として連れていかれ、強制収容所でウイグル人に中国語を教える仕事をさせられるようになった。彼女はその時ウルムチでは「強制収容所」が存在することさえ知ることができなかったという。当局が彼女に仕事場で見た、聞いた全てのことを決して他言してはならないという様々な誓約書に同意とサインを求めたこ

ケリビヌル・スデック氏

とから、彼女は初めて不安になった。

職場に行ってみると、そこは高い壁に囲まれ、物々しい武装をした警官が溢れる刑務所のような所だった。四つの角に監視カメラが設置された教室で、頭を剃られ、手足に鉄の鎖を付けられたウイグル人の男性が席に着いていた。

彼女は二〇二〇年十月九日のインタビューで、ＲＦＡに自分の顔写真を載せるように求め、「私は中国当局がウイグル人に実行している虐殺と民族浄化をこの目で見た。それを証言したい。私が見たものは中国がウイグル人に実行している民族浄化と虐殺の証拠になる」と話している。

ケリビヌル氏の証言の詳細

ケリビヌル氏は、六回のインタビューにおいて、毎回内容別に強制収容所の内部とウイグル社会で起きていることを詳しく伝えている。

二〇二〇年十月九日のＲＦＡのインタビューで、彼女が二〇一七年三月一日から二〇一八年八月まで中国語の教師として働いたウルムチ・サンファング区にある三千人が収容されている「男性収容所」の内部について、自身が住んでいる地域の様子について、二〇一八年九月から十月末まで働いたウルムチ・トグン地区の「老人ホーム」と呼ばれる、一万人が収容されている「女性強制収容所」の実態について、以下のように語っている。

一）彼らは段々弱ってしまった

収容されたウイグル人の男性は、毎日グループに分けられ、尋問に連れて行かれた。尋問室と拷問室は地下にあった。お昼ご飯の時や授業中などに、拷問に耐え切れない男性たちの悲惨な叫び声が聞こえていた。その恐ろしい悲鳴のこだまが建物の内部に響いていた。私のクラスの生徒の中で、尋問に連れて行かれて二度と帰って来ない人もいた。

警官の一人が、私にこっそりと、人々を電気椅子に座らせ感電させる、電気を通すヘルメットを被せて感電させる、電気を通す手袋をはめて感電させる、お尻に電気棒を入れて感電させるなど四つの拷問の方法について教えてくれた。

私が強制収容所にいた最初の三週間で、二人の生徒が死んだ。五十歳だったオスマンはウルムチの果物問屋を一括管理する大物の商人だった。拷問中に脳出血を起こして亡くなったと聞いた。もう一人はセリムという勉強家の若者だった。彼は前立腺の炎症で医療を受けられずに亡くなった。

私がいた男性収容所ではセリムのほかにも、前立腺が炎症を起こすなどの病気が蔓延していた。これは男性収容所の厳しいルールが引き起こすもので、彼らには一日三回、一回一分のトイレ時間しかない。収容所に連れて来られた時には元気でも段々弱って、歩けなくなる人もいる。

二）女性収容所で見た残虐な行為は死よりも恐ろしい

女性収容所で私が教えたのは、二十歳ぐらいから七十歳までの一万人ほどの女性たちだった。私は、彼女らに習近平や共産党を讃える内容の中国語の歌を教えたりした。教えること以外は、彼女らと話すことが許されなかった。声をかけることも、監視カメラがあるために不可能だった。

毎週月曜日、彼女らは収容所にある「医療室」と名付けられたところで、注射を打たれ血を取られていた。毎日一錠ずつ白い薬を飲まされた。私はある看護師から、彼女らに何をしているかこっそり聞いた。その漢民族の看護師は、「彼女らに注射しているのはカルシウムで、日が当たらない所に暮らす彼女らに必要である。採血は感染病を調べるためで、毎日飲まされている薬は彼女らがよく眠れるようにするため」と答えてくれた。

ある日廊下を歩いていると、若い女性の死体を引っ張っているウイグル人の女性警官に出くわした。収容所で働いているウイグル人は、彼女と私二人だけだった。彼女はカメラのない所を選んで、私に、「ここで女性たちに与えられている薬は、子供ができない体にする薬で、若い女性に気づかれないように、食べものの中に隠して与えている。死んだこの若い女性は、その薬のせいで出血多量で死に至った」と教えてくれた。

強制収容所の中の様子

またある日、私が教えているクラスの中から一人の女性が授業中に呼び出されて、およそ二時間後に戻された。しかし、様子がおかしく、苦しんでいてまともに座ることもできなかった。警官がその彼女の様子を見て、怒り狂って彼女を怒鳴り、また連れて行った。その後彼女の姿を見ていない。

収容所のとある警察官が、私に「誰にも言うなよ」と前置きしてから、「若い女性たち五人から六人が毎日のように呼び出され、収容所の上の幹部や警官にレイプされている。時には彼女らの性器に電気棒を挿して、その苦しむ姿を楽しむこともある」と言った。私はこんな残酷なことを聞いたことがなく、気が遠くなった。

収容所には、外国の大学に留学して、休みで一時帰国した時に捕らえられた女性たちもいた。娘がオランダの大学から呼び戻されて、ここに入れられたらと想像するだけで不安でたまらなかった。そんな日が来たら耐えられないから死ぬことにしようと薬を持ち歩いていた。

私はこの二回にわたって収容所で働いた間に、収容された人々の中で精神異常者になった者や、体に障害が残った者などを何百人も見た。耐えられない経験だった。

三）住んでいる住宅街と家の中までもが監獄になった

二〇一六年から、各ウイグル人家庭と住んでいる地域に、何重にも及ぶ監視システムが出来上がって、ウイグル人は家の中でも不安なまま過ごさなければならなかった。私は収容所で見たことなどを夫に話すこともできなかった。私たちの家の中の私生活までもが当局の監視下にあり、コントロールされていた。

二〇一七年から、警察官が時間を問わずに家の中に突入して、家の中を調べたりすることは日常茶飯事になった。二〇一七年の中頃までには、夜中に家から突然連行された人々が多くなり、私の居住地域に住む六〇〇人のうち一九〇人がいなくなった。

いつ私たちの順番が来るか分からなかったので、夜は服を着たまま休んだ。大勢の人々が寝ているところ、服を着る間も与えられず、頭に頭巾を被されて連行されていたので、私たちは服を着たまま寝ていた。

ウイグルを代表する宗教学者で、コーランをウイグル語に翻訳し解説したムハッマド・サリフ・ハージ氏とその学生たちが一斉に連行されたのも、二〇一七年の半ばの話である。同じ地域に住んでいた彼は、のちに遺体になって返された。

四）強制避妊手術に同意・協力しなければ罰を受ける、自身だけではなく、家族親族までもが被害に遭う

二〇一七年七月、住んでいる地域の居民管理委員会から、突然通知が届いた。それは、計画出産身体検査の通知書だった。政府が無料で十七歳から五十九歳の全ての女性に実施する、協力しなければ罰を受ける、自分だけではなく、家族と親族にも良いことがないと警告されたので、七月十八日に指定された病院に向かった。

病院には何百人単位でウイグル人女性たちが並んでいた。順番を待ちながら、なぜこの検査はウイグル人女性ばかりだろうと思っていた。私の番になって検査に入った。

身体検査ではなく、子宮内へ避妊のための装置を入れる措置であることが、検査台の上に横たわっていた時に初めてわかった。その説明も、私の了承を得ることもなかった。私は暴力的なやり方に怒り狂って涙が止まらなかった。心身ともにダメージを受けた感じだった。

私の体内に入れられた避妊装置は、私の体に合わなかったため、度々不正出血を起こした。二〇一七年十月に大量の出血を起こして家で気を失っているところを夫に発見され、

病院に運ばれ一命を取り留めた。私が緊急入院していた日、収容所の幹部や上司が私を「なぜ規則を守らなかった？　突然授業を中止したことへの責任をどう取るのか」と激しく責め、病状がよくなったら職場に復帰することを約束させられた。

私は二〇一八年二月まで入院治療した。知り合いの医者に頼んで、当局に知られないように体に合わなかった避妊装置をとってもらった。

収容所での仕事は精神的に苦痛だったので戻らずに、以前の職場である第二十四小学校に戻ったが、いく日も経たないうちに解雇された。解雇の理由は「早めの定年退職」だった。私はまだ五十歳未満だったが、拒否することができなかった。二十八年間必死に働いた経歴が何の役にも立たなかった。

五）「バイリンガル教育」に使われた全ての教材が燃やされ禁止になった

私が働いていた第二十四小学校は、ウイグル語と中国語の「バイリンガル学校」であったが、二〇一六年十二月に政府の公式な通知で、学校の図書館、教師や生徒が持っている全てのウイグル語の教科書が燃やされ、「バイリンガル教育」の教科書も一つ残らず処分され、全ての教科書が中国語になった。ウイグルの古典文学の内容も削除され、その代わりに中国の古典の詩が教科書の内容に組み込まれた。

当局は二〇〇一年から二〇一一年までのウイグル語の教科書の中に「国家分裂を企てる」「分離主義」的なウイグル人作家の作品が入れられたとして、教科書編纂に携わった多くの人々を一斉に捕らえ、刑を言い渡した。教科書編纂とその内容に多くの経験豊かな教師や校長らも間接的に携わっていた。彼らも捕らえられ、強制収容所に入れられた。

私が所属するウルムチ市サイバグ区教育委員会から、五〇〇名以上のウイグル人の教師が強制収容所か刑務所に入れられた。私の知っているウイグル人の女性の教師の一人は、罰金一万元を払わされ、また懲役七年の実刑を言い渡された。

ウルムチ市第二十小学校のイルチェーム先生も実刑を言い渡されたが、刑期はわからない。第五十二小学校のズリッピア先生は行方不明になってしまった。

私が一番心を痛めたのは、私が勤務していた第二十四小学校のウイグル人教師十一名が職を失い、職業が教師から門番に下げられたことだ。教師もいなくなり、生徒も大幅に減少した。私が受けもった五年三組の四十四名のウイグル人の子供たちの、約半分にあたる二十名がクラスからいなくなった。五年二組の三十八名の生徒から十数名のウイグル人生徒がいなくなった。彼らの多くは、親が強制収容所に連れて行かれたために孤児になり、政府が管理する孤児院や子供の強制収容所に移された。兄弟の子供たちの中には、別々の孤児院に入れられたり、中国の内地などに連れて行かれた子もいた。

二〇一八年四月十六日、私は無理やり「早めに定年退職することに同意する」との書類にサインさせられて、職場を去ることになった。ウルムチ市第二十四小学校は、その後一〇〇名の漢民族の教師のものになった。

六）ウイグル人と漢民族「双子の親戚」の名で当局は漢民族男性によるウイグル人女性へのレイプを許可している

二〇一六年、陳全国がチベットから「新疆ウイグル自治区」の総書記になって異動してきた。彼は「強制収容所」に多くのウイグル人を収容することをはじめとする、残虐な政策を実行した。

「収容所」に連れて行かれてないウイグル人に関して陳全国が打ち出した政策の一つが、

ウイグル人と漢民族「双子の親戚」政策である。その内容として二〇一七年五月に「五つのことを一緒にする」プログラムが打ち出された。それは「一緒に暮らす・一緒に食事をする・一緒に食事を作る・一緒に勉強する・一緒に寝る」というものだった。漢民族の幹部一千万人が「五つのことを一緒にする」実施者として導入されることになった。

二〇一七年中にウイグル人の家で漢民族の幹部が「親族」になっていない家庭はなくなった。当局はこの政策は「分裂主義・過激化・テロという三つの害なる力」の蔓延を防ぐためであると説明した。ウイグル社会には「強制収容所」「高度なＡＩ監視システム」以外に「漢民族の親族」がウイグル人の家に好きな時に泊まる・食べる・飲む・監視する状況になった。

私の夫は、ウルムチ市天山区建設材料会社で働いていた。私の家に夫の上司の五十六歳の漢民族夫妻が「親戚」として決められた。最初は三ヶ月で一週間一緒に過ごす政策だったが、二〇一七年十二月から一ヶ月に一週間一緒に過ごす政策に変わった。私は大いに戸惑った。「一緒に食事を作る」「食事をとる」のは良いとしても、なぜ漢民族と一緒に寝なければならないだろうか。漢民族だって親族とは一緒に寝ないだろう？　後に私の漢民族の「親戚」は、一人で度々私の家に訪れるようになった。そして夫がいない時に私にセクハラをするようになり、それを私が避けると「お前は親戚なのに態度が悪い」と怒鳴られた。後に私の夫の前でも私に触ったりするようになった。夫が何か文句を言うと必ず上に報告され、「強制収容所」に連れて行かれるのが目に見えていたから、私たちは我慢した。夫が不憫でならなかった。私たちには反抗するどころか、不満を表すことさえ許されなかった。漢民族の「親戚」は、常に私たちが問題のある発言をするように仕向け、揚げ足をとろうとしていることが目に見えていたので警戒していた。

ある日、彼は突然「この家ではなぜ豚肉を食べない？」と聞いた。私はすぐに「豚肉は脂っこいから」と答えた。いつもこのように頭を使って、政治や宗教の話題を避けて答えなければならなかった。

私は夫が家にいたからまだよかったが、多くの家庭で男性が「強制収容所」に入れられ、女性だけがいる家庭では、漢

ウイグル人を監視するカメラの映像

民族の「親戚」が彼女らにどんなことしているか、想像することさえできない。ウイグル人と漢民族「双子の親戚」というこの政策は、漢民族がウイグル人をレイプすることを奨励している政策に他ならない。

私と夫の間は、この節度のない狡猾な「漢民族の親戚」によって、段々ギクシャクしてきた。私は夫と相談し、何とかこの地獄から逃れようと、オランダにいる娘の結婚式への参加と病気の治療を理由に、当局に海外に行くための許可とパスポートの申請をした。ウイグルにいる人々のパスポートが取り上げられていた非常に厳しい時期であった。私たちは、ウイグルにいる親族の保証書を、十五ヶ所に提出してから、二十三ヶ所の許可をもらわなければならなかった。最後に返ってきた答えは「あなたが行くことは許可するが、旦那さんはウイグル人だから外国に行くなど夢のまた夢である」というもので、夫と一緒に外国に行くことが到底許されないことであることを知らされた。最終的に、夫は家に残ることと私は決められた時間にすぐ帰るなどの条件を飲み、出国が許された。しかし、治療などが長引いた私は、決められた時間に帰国しなかった。

二〇二〇年二月、「親族」と連絡が取れなくなり、夫からも一方的に離婚に踏み切ったことを突然電話で告げられた。その際、夫は人が変わったように私を汚い言葉などで罵ってから「縁を切った」と言い渡した。

証人の言葉から浮かび上がる「強制収容所」の内と外

強制収容所で働いた教師二名と収容された人四名が、RFAに語った証言を詳しく紹介した。教師二名のうちの一人はウイグル人男性と結婚したウズベク人女性のケリビヌル氏、もう一人はカザフ人女性教師サイラグリ氏である。収容された四名のうち二名はカザフスタン国籍のウイグル人とカザフ人のハーフの男性のウメル・ベカリ氏とカザフスタン国籍のウイグル人女性グリバハル・ジャリロワ氏、そして外国籍男性と結婚した二名のウイグル人女性のミリグリ氏とズムレット氏である。外国人と結婚したウイグル人と外国国籍のウイグル人以外の証言者で、まだ外の世界に出られた人がいないことは、強制収容所の物々しさと中国共産党のウイグル人への弾圧の徹底さを物語る事実として浮かび上がる。

彼らの証言と日本ウイグル協会がまとめた「『中国のウイグル人への弾圧状況について

のレポート』（第二版）在日ウイグル人一同・日本ウイグル協会　二〇一九年九月二十七日」（日本ウイグル協会のホームページ掲載）とを合わせて見ると「強制収容所」の内と外で行われていることを以下のようにまとめることができる。

【強制収容所内】

◎共産党と習近平への忠誠心のための洗脳教育
◎イスラーム教への徹底弾圧
◎ウイグル語を禁止
◎女性に対し、謎の白い薬と生理が止まる薬品を注射、身体検査とＤＮＡ採取、髪の毛を全員剃られる
◎女性への集団レイプ
◎親と子供が別々の収容所に入れられている
◎突然いなくなる（臓器売買の対象か？）
◎衛生状況と環境・栄養が最悪なために人々は弱り、病気にかかって死んでいる

◎釈放された時にお金がなくなっている・理由をつけて金が要求される
◎ＡＩなどによる徹底した監視
◎拷問と拷問による死
◎強制労働

【強制収容所の外】

◎武装警官と警察チェックポイントと呼ばれる交番がありとあらゆるところにあり、ウイグル人には携帯電話と身元のチェック、ボディチェックがいつでも行われる
◎町全体と居住空間に監視カメラが設置されている。携帯電話と家のドアに貼られたＱＲコードに住人のＩＤなどの全ての情報が紐付けされていて町の中で歩いている人が顔認証システムで瞬時に身元が割れるような仕組みになっている
◎ウイグル人の十七歳から五十九歳までの女性たちに強制避妊具の装着
◎各家庭に「政治的信頼度点数表」が配られている。礼拝する人やパスポート保持者、「敏感な国」に指定されたトルコなどの二十六ヶ国に行ったことがあるか、海外と繋がり

があるかないかなどでマイナスポイントがつけられる。マイナスポイントが七十を超えたら警察に通報され「強制収容所」に送られる
◎学校や社会においてウイグル人同士が十人グループになって互いを監視して、ラマダンや礼拝など行う人がいれば通報するシステムが出来上がっている
◎個人のスマートフォンにスパイウエア、全車両にＧＰＳを強制装着している
◎ウイグル人のパスポートを没収
◎ウイグル人住民へ検診の目的でＤＮＡ採集
◎強制労働
◎モスクや聖者廟などの宗教施設の破壊・ウイグルの歴史的名勝や文化遺産の破壊
◎「双子の親戚と五つを一緒に行う」政策により、ウイグル人家庭で、漢民族の幹部がウイグル人の家に寝泊まりして家庭の中や会話まで監視
◎教育機関におけるウイグル語教育の禁止
◎「強制収容所」施設を次から次へ建設し拡大している

ウイグルで起きていること「中国共産党の狙い」

中国政府は「強制収容所」の存在を一貫して否定し、テロ思想に染まった人々を再教育する「再教育センター」、ウイグルの人々を貧困から救うために造られた「職業訓練センター」と称している。そして「我が国の対テロ対策」は勝利したとも宣言した。

三〇〇万人が不当に拘束されている事実を、二〇一四年の統計で二三〇〇万人口がいるいわゆる「新疆ウイグル自治区」の四十八・五パーセントにあたる一一三〇万人の三割のウイグル人が「強制収容」されている事実を、世の中の人々は知りながらも、沈黙かあるいはその数字はどこから出ているかなどと質問するだけの無関心な態度を示している。

三〇〇万という数字については、今三つの出典が挙げられている。最初にこの数字を使ったのは、米国防省アジア太平洋安全保障担当のランドール・シュライバー次官補で、彼は二〇一八年五月の記者会見で、まずこの数字を公式に使った。

二〇一八年夏、国際連合人権委員会は、多数の信頼できる報告書から、「一〇〇万人のウイグル人市民が収容された」との見解を示している。

二〇二〇年九月二十五日付毎日新聞の記事によると、オーストラリアの「戦略政策研究所（ＡＳＰＩ）」が、二〇一七年以降「監視の穏やかな再教育施設を減らし、厳戒態勢を取る刑務所や刑務所型施設を少なくとも三八〇以上増やしている」との見方を示した。

それでも中国政府は教育施設のみ認め、収容所の存在を否定している。

しかし、二〇一八年になると、西側の一部の国の政府機関および国際人権団体やＢＢＣなどをはじめとする大手メディア、そして研究者やジャーナリストらが、ウイグルにおける稀にみる拘束・収容について反応し始めた。彼らはいわゆる「再教育センター」を一九四〇年代前半のナチスドイツが作った「強制収容所」や、スターリン時代にシベリアに作られた「グラグ」に例えた。ウイグルを「世界最大の野外刑務所」とも呼んだ。

このような国際社会の厳しい視線に晒された中国共産党は、収容された人々について「完全否定」から「粉飾して別のものとして見せる」政策を取り始めた。二〇一八年十月十六日、いわゆる「新疆ウイグル自治区」ウイグル人主席のシュヒラト・ザキルが記者会見で「再教育センター」について、「新疆において専門的な職業訓練施設が作られ、ウイグル人の人生と生活に豊かな色彩を提供した。生徒は、集団学習と寄宿学校そして現場実習を無料で提供してもらった。生徒はこちらで、国語、憲法を学び、過激思想を失くす教育も受けた」と述べた。

これは中国共産党がウイグルの現状について、ウイグル人の操り人形の口から発表させた嘘であり、歴代の「ウイグル人の油でウイグル人の肉を料理する」作戦が現代においても実行されている一つの証として、世界中のウイグル人の目に映った。

二〇一九年七月三日、シュヒラト・ザキルがまたもや中国共産党の指針に従い、全世界に二回目の嘘の記者会見をし、「職業訓練センターにおいて教育を受けている生徒は社会に戻った。九十パーセント以上が適切な職についた」と発表した。さらに二〇一九年十二月九日北京での記者会見において「全ての生徒が卒業した。彼らは政府の助けで適切な仕事に就き、生活がよくなった。幸せに暮らしている」と宣言した。

実際のところ、オーストラリアの「戦略政策研究所（ＡＳＰＩ）」の調査から分かるように「強制収容施設」が拡大、増設されており、国際社会の厳しい視線や圧力が中国に何の影響も効果もなかったことがうかがえる。

最近ＲＦＡの「強制奴隷労働」関連の記事を読むと、多くのウイグル人が賃金を全く与えられずに、あるいは賃金の一部だけもらって仕事しているという事実が分かる。

専門家たちにぜひ調査・分析していただきたい問題がある。それは、共産党政府が「強制収容所」の設立のためのお金を、ウイグル人の「強制奴隷労働」の賃金でもって捻出しているのではないかという指摘である。この二つが関連づけられて報道されたという話はまだ聞いていない。しかし「強制収容所」の建設や増設、そしてインフラ設備のための膨大な資金をどのように捻出してきたかということを明らかにすることも重大である。

私の仮説が正しければ、中国共産党の経済的強かさと一石二鳥、いや一石何鳥にも及ぶ上手いやり方が見えてくるのではとも思っている。

これだけではない。二〇二〇年十二月二日にＮＨＫ・ＢＳで放送された「Undercover: Inside China's Digital Gulag」（イギリス　二〇一九年）を見た。この番組は、「二〇二〇年国際エミー賞（最優秀時事番組部門）」を受賞している。

番組ではウイグルの収容施設の厳しさと洗脳・思想教育が行われている実態を現地での何週間にも及ぶ取材で明らかにしていたが、興味を引いたのは中国側の施設をＡＩで管理するパソコン会社の人間の「このような設備を今ウイグル人で実験し、改善し、中央アジアなどの国々にテロ対策の一環として輸出する」との証言であった。この言葉をいかに理解するべきか一人一人の読者に委ねたいが、中国の経済システムの凄さを実感できる部分ではないだろうか。

中国が一気に経済発展を遂げたのは、他の国々が計画し、行っているような普通の経済システムとは違う「犯罪に繋がる経済」とも言うべき、人間の命で実験した成果を輸出しているからだということが分かる。実際、一兆円にも上る臓器売買の市場があり、ウイグル人の臓器を「ハラール臓器」としてアラブ世界の金持ちなどに売っていることも度々報道されている。しかし、これらは中国にしてみれば、ただの金儲けの経済活動の一駒にすぎない。

二〇一六年から、中国政府の豊かになって伸びた手がエジプト、パキスタン、タイまでも届くようになり、これらの国々も水面下で中国共産党と手を結び、それらの国々に住んでいるウイグル人らを学生中心に大勢中国政府に引き渡している。ウイグル人は生まれ育った故郷だけではなく、海外に逃れても安心して暮らせることはなくなった。「テロ対策」の名目でウイグル人全体を対象として捕らえ、「強制収容所」に入れ洗脳し、宗教を諦めさせるために豚肉を食べさせ、奴隷労働を強制し、女性たちをレイプし強制不妊手術を施し、親と子を別々の収容所に入れ、幼い子供たちの美しい子供時代を奪い、文化遺産とモスクを壊し、それらの聖なる施設を喫茶店やトイレそして観光施設に改造し、歴史と記憶まで消そうとしている中国共産党に対して、国際社会による指摘も、アメリカをはじめとする国々の一連の抗議も、今の段階ではほとんど何の影響も与えていないと言えよう。

実際「強制収容所」は、拡大と増設をし続けている。そして何よりも三〇〇万人以上のウイグル人をはじめ、カザフ人やキルギス人がその中で今この瞬間も苦しんでいる。

「強制収容所」計画が立てられた時期と背景

二〇一七年三月に突然始まったかのように見える「強制収容所」は、今まで二〇一六年にチベットからその辣腕が買われ「新疆ウイグル自治区」に異動になった陳全国がその実行者で、計画したのが新疆ウイグル自治区人民代表常務委員会副主任の朱海侖とされる。だが、その詳細が明らかにされることは今までなかった。

二〇一九年十二月、イスタンブールのタクラマカン出版で刊行された、在米ウイグル人の歴史学者でＲＦＡに勤務するアサット・スライマン先生の「二十世紀のウイグルの歴史において未だに語られてない物語」シリーズ第三集『１９３７　１９５７　２０１７』が私の手元に届いた。主な内容はタイトルにもなっている三つの年に中国がウイグル人に行った大量虐殺について書かれている。

同書では、二〇一七年三月から始まった「強制収容所」をはじめとするウイグル人を主とした東トルキスタンのムスリム系の人々に実施している今の一連の政策は、一九九六年三月十九日の江沢民時代の機密「第七号文書」から始まったとしている。機密「第七号文書」を世に明かしたのは朱培民／王宝英が出版した『中国共産党治理新疆史』であり、機密「第七号文書」の「新疆ウイグル自治区共産党委員会事務室」によるウイグル語訳の写真も参考資料に載せられている。

文書の主な内容は「新疆の安定に影響を与える要素は、海外にいる国家分裂主義者と違法の宗教活動からきている。新疆の安定・固定を保つために鍵となる力は新疆生産建設兵団であり、新疆における漢民族人口をもっと増やすことの重要性、漢民族だけが信頼できるとし、漢民族の若者を新疆に移住するように奨励し、生産建設兵団から市町村に幹部を派遣すること、ウイグルの若者を内地に連れていって分散させること、内地で漢民族と一緒に勉強させること、宗教的な環境の広がりを阻止すること、海外にいる東トルキスタン勢力を分解する方法」などが詳しく書かれている。この機密文書から中国共産党が一九九六年時点でウイグル人全体を対象とし計画を練っていたことがわかる。

二〇〇一年にアメリカで起きた「九・一一」事件が中国のウイグル人をテロの対象として消すための有効手段として使われ、その後のオバマ政権の弱腰対中政策と、国際社会の「テロ」への反感は、中国のウイグル人全体を消す、東トルキスタンの豊かで広い土地を「中国共産党の永遠の不可分の固有の土地」にする政策を知らずに後押しする結果になる。

この本では、「強制収容所」建設は二〇一〇年から始まったこと、「強制収容」のための全ての準備が人知れずにだが、急ピッチで進められて、二〇一五年の終わりには既に準備が終わっていたことなどが書かれている。

二〇一四年に国家主席になって一年経ったばかりの習近平のウイグル政策の指導を暴露した文書が、二〇一九年十一月十六日付の『ニューヨーク・タイムズ』に掲載されている。「無慈悲であるべき・国内外の敵性勢力の戯論も気にしない」などの習近平の言葉から、国際社会の批判と漢民族・ウイグル人の間の摩擦を無視することに徹し、ウイグル人を消す決心をしたことが読み取れる。

この文書に、習近平が二〇一四年ウイグルの南の三県を視察した時の「新疆における刑務所は思想を改造する重要な現場になるべき」との言葉もあり、二〇一四年の段階で既にウイグルで近未来何が起きるか示唆されていたことがわかる。

二〇一六年後半に中国の「一帯一路」国策が実施されると同時に、陳全国がチベットからウイグルに異動になり、同時にウイグルの全地域において「便利ポイント」と呼ばれる武装警察が常時滞在する検査ポイントが作られ、ウイグルが「野外刑務所」になる。一斉逮捕が始まったのは二〇一七年二月から二〇一九年の末までの間で、三〇〇万人以上が囚われる「強制収容所」に入れられる。

ウイグル社会において強制収容所行きを命じられたのは、ウイグル社会の文化と社会を担う知識人・宗教指導者・経済的に基盤がしっかりしている豊かな人々などが中心になっている。

日本ウイグル協会のホームページには「現段階で強制収容所に入れられていることが明らかになった知識人の数とリスト」が載っている。リストを見ると日本の大学で博士号を取り、ウイグルに戻って「新疆大学学長」になったタシポラット・ティップ（二面性の罪で死刑が言い渡されている）先生をはじめ、日本で勉強されたウイグル人の名前も見られる。アサット・スライマン先生の本には「国際ジャーナリスト国際調査報道ジャーナリスト連合（ＩＣＩＪ）が入手した文書で、朱海侖のサインがある一枚の中国語機密文書の写真が添えられている。要旨を日本語に訳すと次の通りになる。

【一体化統合作戦プラットフォームに関する新疆ウイグル自治区共産党委員会の二〇一七年の日報】▽六月二十五日

一体化統合作戦プラットフォームが二〇一七年六月十九〜二十五日に新疆南部四地区で二万四四一二人の疑わしい人物を特定し当局に通知。調査の結果、七〇六人が刑事手続きで拘束され、一万五六八三人が教育訓練に送られた。一体化統合作戦プラットフォームが特定した人物は安定を脅かす潜在的リスクだ。通知に基づき全地区は「拘束、教育と訓練、尋問と留置、予防と統制」という各段階の措置を適用せよ。

二〇一七年六月十九～二十五日の一週間で二万四四一二人が「処理」されたという情報は、多くのことを物語ってくれる。

中国共産党の狙いとウイグルの今後

二〇二〇年十一月六日、アメリカのマイク・ポンペオ国務長官は、いわゆる「東トルキスタン・イスラーム運動（ＥＴＩＭ）」を、十年以上もその実態のはっきりしない勢力であるとして、テロ認定リストから外したことを発表した。

いわゆる東トルキスタン・イスラーム運動というのはそもそも実態のないものであり、その名前をでっちあげたのが中国共産党自身である。中国共産党はテロ組織をでっちあげ、都合の悪い全ての人々をテロリストと断定し、ウイグル人を弾圧するための口実にしたのである。

二〇〇二年に、アメリカのアーミテージ国務長官が北京を訪れた。当時のアメリカ政権のイラク攻撃に対し、中国を味方につけるためだった。その交換条件として、中国は実態のないこのでっちあげの組織をテロ組織として認定するようにアメリカ政府に要求し、アメリカは了承したとされている。

ウイグル人をいわゆるテロリストであると虚偽の認定をして弾圧する際の中国の言い分は、最初は「民族分裂主義者」だった。しかし、ウイグル人はテュルク系民族に含まれ、中国が口を酸っぱくして唱えている中華民族ではない。漢民族を分裂させた訳でもない。中国共産党こそが、漢民族を台湾と大陸に分裂させた「民族分裂主義者」である。

その次にウイグル人に貼られたレッテルは、「国家分裂主義者」だった。これもおかしい！

東トルキスタンは中国に侵略されており、東トルキスタンの民は侵略者を追い出すために声を上げている。真の「国家分裂主義者」は中国を国民党の台湾と共産党の大陸に分裂させた、台湾国民党の百二十年の歴史より五十年も歴史が浅い中国共産党の方である。中国共産党は国際社会に理屈の通らない嘘をばら撒き、その陰でウイグル人全体を民族浄化している。

人々は私に、「なぜ中国共産党は今このようなことをして、ウイグル人を滅ぼそうとしているのでしょうか」と聞く。弾圧の根本的な原因を知りたがっている人が大勢いる一方、今起きていることが信じられない人も一部にはいるように見受けられる。現状を知って声をあげていただきたい一心でウイグルの現状について訴えても、「中国とウイグルの間の様々な問題に日本人として関わりたくない、関係ない」という人たちもいる。ウイグルを厄介視しながらも、言葉としては「ウイグルに守るべき友人がいるから、海外のウイグル人と距離を置きたい」と言い残して、周りのウイグル人と絶縁したりする人もいる。ウイグルに例え友人がいたとして、私たち海外のウイグル人と縁を切ったらその人たちを守れないことは明白である。

しかし、大勢の日本の方が、心からウイグルの現状に心を痛められ、その実情を知りたいと思っていることが、私たち在外のウイグル人に生きる力と笑顔を与えてくれている。感謝している。皆様の「なぜ、今中国がウイグル人にこのような酷いことをしているのか」という問いに答え、章の結びとしたい。

中国共産党のたった七十年の独裁政権は、ウイグル人が中国の侵略政権をいずれは追い出すという意志を魂に秘めていることを恐れているからではないだろうかと私は思っている。今の中国は、東トルキスタンの土地と地下資源、そして地政学的に極めて重要な土地を失うと直ちに崩壊する。十四億人の人民と中国共産党の生死・存続問題が、中国の今後の課題である。その鍵を握る「一帯一路」の出入り口が東トルキスタンにあることは、地図を見れば一目で分かる。ウイグル人が侵略者を追い出すための戦いを一瞬も忘れたことがないことが、中国共産党を怯えさせている。先手を打ってウイグル人を消してしまい、東トルキスタンを中国の永遠に不可分の一部にしてしまうことが、彼らの狙いであろう。ウイグルに続き、チベット、モンゴルが立ち上がるシナリオは中国の悪夢である。それが共産党の弱点であり、中国崩壊の恐ろしい要因を先手を打って消そうとしているのだ。

ウイグルの現状で、私が伝えたいことが二つある。一つは、自国の独立を守り切れずに、侵略下に置かれてしまうと、その国民の運命はどうなるかということである。侵略者は悪者だが、それを許した側、先祖代々の命を育ててきた国土を敵に渡してしまい、子孫を敵の手で殺すことを許した私たちの責任と罪を、私は常に考えている。侵略者に対し、話し合って解決することはできないこと、話が共産党には通じないことは、ウイグルで証明されたのである。

もう一つは、共産党対人間の尊厳の戦いは、ウイグルで終わらないということである。

私たちウイグル人は、兄弟民族であるテュルク民族から見放され、イスラーム諸国の支援も得られなかった。西側の民主的な国々の抗議も中国には通じなかった。今この瞬間にも「強制収容所」は増設されている。ウイグルの今後の明るい見通しは全くない。

ウイグルの民話に、地獄の炎で焼かれて苦しむ人々を目の当たりにした蛇と燕の物語がある。それにはこのように書かれている。

燕は火を消し人々を助けるために口で水を運ぶ。

蛇は芝を拾って炎にくべる。そして燕を嘲笑いながら言う。

「愚かな燕よ！　そんなことして火が消える訳がない。早く諦めなさい」

燕は答える。

「蛇よ、お前の目に苦しむ人々が映っていないのか。彼らを助けたい。私はその信念で動いている。多くの人が私のように信念を持てば地獄の炎が消えるからだ。お前こそ愚かである。いずれその炎でお前が焼かれるのは明白なのに、その炎を大きくしているのだ」

最後に、世界の一人一人が、燕の信念に共感する世の中になってくれることを願う。

ウイグル知識人の釈放を求めるデモで指揮を執る
ウイグルの経済学者ブルハン・ウルユル氏

トルコ・イスタンブールの中国大使館前で家族の消息を尋ねるウイグル人たち

第六章　ウイグル文学と詩人たちの光と陰

ウイグルの文学とは

ウイグルの現代詩とは、ウイグル古来のアルーズ格律などで書かれた定型詩の韻律方式と異なった、自由韻律で書かれた詩のことを言う。ウイグルの現代詩人たちは、伝統的な詩作技法に熟達し、古典文学の素養と現代的感性が高いレベルで求められる。これをクリアした者だけが、自由韻律詩を書くことが許されるというのが暗黙のルールである。

文学誌『テンリタッグ』の一九八六年号に掲載された、アフメットジャン・オスマンの「夢」など一連の詩でもって、ウイグル現代詩の歴史は幕が開いた。その後を継いだ若きタヒル・ハムット、ペルハット・トルソン、グリニサ・イミン・ギュルハン、ホジャ・ムハッメド、アブドレシット・アリらに代表される数多くの新鋭詩人たちがウイグル現代詩の一時代を築いた。

ここでは、ウイグル現代詩の成立過程に影響を与えた諸要素をまとめることを試みると共に、ウイグル現代詩を代表する五人の詩人の作品を日本語で読み、今や由々しき問題になっているウイグルの政治状況が、彼らの作品と人生に与えた影響について考える。

ウイグル古典文学（四〇〇〜一九〇〇）

ウイグル古典文学はシャーマニズム、マニ教、仏教、ペルシア系イスラーム文化などの要素を吸収し成長し続けた。口承文学と記載文学の二つで構成され、互いに影響し、吸収しあって発展を遂げたのである。

ウイグル記載文学が始まった年代は定かでない。しかし、五世紀にはすでに文字を持っていたことは確認されている。

記載文学の存在を示すものとして最初に挙げられるのは、東丁零部族に属する詩人フグルスル・アルトン（四八七〜五六七）の「トゥラコシキ（トゥラの歌）」である。

トゥラコシキ（トゥラの歌）
チョガイ山の麓を源流とする
トゥラ河は波をうちながら戯れる
天球はまるでゲルのように
果てしない野原を覆う

果てしない空はどこまでも高くて青い
果てしない野原は終わりが見えない
風に吹かれた草花が頭を下げる時には
夥しい家畜だけが目に映る

注記：チョガイ山＝今の南モンゴルと北モンゴルの境の陰山山脈。

注記：トゥラ＝中国の古代の歴史家、司馬遷は『史記・匈奴』で、ウイグル人の祖先を「丁零」と書き、班固は『漢書・匈奴伝』で「鉄勒」と書いている。司馬遷と班固が書いた「丁零」と「鉄勒」は「トゥラ」という音を中国語で表したものである。このトゥラが紀元前数世紀に現在のバイカル湖沿いに住んでいたウイグル人の祖先である。司馬遷から始まり紀元七世紀までの有名な歴史家たちがウイグル人の祖先を丁零、鉄勒、勅力、狄力と記しているが、それは全てトゥラの音を中国語で表したものである。

トルグン・アルマス（ウイグルの言語学者・作家・詩人・歴史学者）著『ウイグル人』

（この詩は、一九八〇年代以降に新疆大学ウイグル文学科の古典ウイグル文学講義の教科書の内容として定められた）

イスラーム以前の古典文学

突厥ハン国（五五二～七四四）とウイグル・ハン国（七四四～八〇四）に属するウイグル記載文学の最も古い例として『オルホン・エニセイ碑文』あるいは「突厥魯尼文」また詩的な文学の形で比較的に完全な形で遺された『オグズ・ナーメ』がある。『オルホン・エニセイ碑文』はウイグル記載文学の第一時代を構成すると見なされている。ウイグル記載文学の初期の碑文は二種類に分かれていて、一つは簡単に歴史を記録したもので、もう一つは文学的色彩と史詩の性格を備えたものである。

後者を代表する記載文学として「キョル・テキン碑（七三二年建立）」「ビルゲ可汗碑（七三五年建立）」などがある。

碑文は当時の文学の代表的な様式、つまり英雄史を詩として石に刻むことで生み出された一種の短い文学形式と言えよう。

碑文の作者、ヤリテキン、トゥニュクク、クトゥルグ・タルカンらはウイグル記載文学史上の一流の作家であり詩人である。また今後に至る抒情詩と叙事詩の雛がたとも言える。

九世紀中頃に行われた、ウイグル人の歴史上の大規模な民族移動の後、ウイグル人の祖先は二つのハン国を成立させていた。一つはマニ教、仏教が国教の高昌ウイグル・ハン国（八五〇〜一二五〇）、もう一つはイスラーム教が国教のカラ・ハン国（九九二〜一二一二）である。

高昌ウイグル・ハン国時代（十三世紀）に『オグズ・ナーメ』の写本が出現した。『トルファン詩歌』、『マニ教・仏教道歌』、仏教の伝説によって書かれた『チャシタニ・イリグ・ベグ』、仏教の経典や伝説を翻訳した『金光名最勝王教』『二王子物語』『聖白兎物語』『白兎の謎謎』戯曲『弥勒会見教』などがある。

イスラーム以降の古典文学

カラ・ハン国（九九二〜一二一二）はイスラームの史料ではハーカーニーヤ朝もしくはアフラスィヤフ朝とも呼ばれる。この時代を代表する作品にユスフ・ハッス・ハージフ

（一〇一九～一〇八五）による『クタドゥグ・ビリグ（幸福になるための知恵）』、マフムード・カシュガリー（一〇〇八～一一〇五）の『テュルク語辞典』などがある。

サッカーキ（一一六〇～一二三〇）、十四世紀と十五世紀を代表するアターイー（生没年不詳）、ルトゥフィ（一三九三～一四九二）などの詩人たちがいる。またウイグル文学を始め中央アジアのその他のトルコ系民族の文学は、偉大な思想家であり、詩人であるミール・アリー・シール・ナワーイー（一四四一～一五〇一）の貢献により「チャガタイ文学時代」という豊かな文学碑を打ち立てたのである。カシュガル・ハン国（一五一三～一六七八）の王子スルタン・サイード・ハン（一四八四～一五三三）が文明の指導者および詩人として、ウイグル古典音楽組曲のムカムを収集整理し『楽師伝』を残している。カシュガル・ハン国が滅亡した後は、宗派間闘争があり、スーフィズム（イスラーム神秘主義をテーマとした文学が盛んになる。この時期を代表する文学者の一人、フルカティーは、バラやブルブル（雲雀）を通して愛情を表現する方法を作り出したことで有名である。

十八世紀後半清朝の支配下に入ってからの文学を代表する詩人としてはグムナム（一六四三～一七二四）、カランダル（十八世紀中頃～十九世紀）などがいる。この時期にウイグル古典文学に最も貢献したものとして、詩人カリービ（一六九九～?）の『カリーブ・ナーメ』が挙げられる。

ウイグル古典文学の最後を飾るリアリズム文学に貢献した巨人はモッラー・ビラール・ナーズィム（一八二三～一八九九）である。彼は『シナで行進する聖戦』『ガザリヤート』『ヌズグム』『長い髪のユスフハン』などの数多くの作品を残しており、今でもウイグル人に愛読されている。

ウイグル近代文学（一九〇〇～一九八〇）

この時代の文学はウイグル古典文学を受け継ぎながら、ロシア文学と西洋文学の影響を受け、新たな形で登場した。この時代の文学を代表する巨人はアブドゥハリク・ウイグル（一九〇一～一九三三）、ルトゥフォッラ・ムタリフ（一九二二～一九四五）、アブドゥレヒム・オトゥクル（一九二三～一九九五）などである。特筆すべきはウイグルを代表するトップ詩人・作家のアブドゥレヒム・オトゥクルであろう。彼の歴史小説『足跡』が人口一〇〇〇万人のウイグルで五〇〇〇万部売れたことがその人気を物語ってくれる。

ウイグル現代文学（一九八〇～二〇一七）

一九七〇年代の後半に中国の「文化大革命」が終結すると、ウイグルの政治状況も安定し文学の復興が始まった。一九八〇年代から一九九〇年代中ごろまでの時期を「ウイグル文学の黄金期」と呼ぶ人が多い。この時期に、ウイグル伝統文学の定型詩が花を咲かせるのと同時に、ウイグルの現代詩（新体詩）が登場したのである。また、ウイグル文学で政治状況によって禁じられたジャンルの歴史小説が書けるようになり、ゾルドン・サビル（一九三七～一九九八）の『母なる大地』などのウイグル文学を代表する歴史小説が誕生した。

若手の作家たちの作品に、ハリダ・イスラエルの『金の靴』、ペルハット・トルソン（一九六九～）『自殺の芸術』などの小説、ウイグル新体詩を誕生させたアフメットジャン・オスマン（一九六四～）『ウイグル娘抒情詩』、タヒル・ハムット『間　そして他』、女流詩人チメングル・アウト（一九七四～）『雷は逆から』などの名詩集がある。文学評論家兼作家・詩人としてアブドカデル・ジャラルデン、ヤルクン・ロゥーズなどがいる。

ウイグル文学暗黒期（二〇一七～）

二〇〇〇年から本格的に始まったバイリンガル教育の影響でウイグルの大学から始まった中国語教育は、この時期になって、ウイグルの幼児教育から小・中・高校にまで普遍的になった。ウイグル語の書籍の出版が難しくなる一方、二〇一七年に八〇〇〇点のウイグル語の書籍が発禁となった。ウイグルを代表する文化知識人のほとんどが、「再教育センター」なる強制収容所にいる。出版を続けている僅かのウイグルを代表する文学雑誌においても党を讃える内容ばかりで、ウイグル文学の暗黒期が始まったとされる。

※資料　ウイグルを代表する文学雑誌『タリム』二〇一九年八月号　目録（一部日本語訳）

「栄光のある七十年」に捧げる欄

「あなたの忘れ難き七十年に捧げる」　詩　ジャッパル・レイム

「お祝いの言葉」　詩　グリボスタン

「私は中国人　中国は私の祖国」　詩　エニワル

「私の祖国は太陽である」　詩　アブドゲニ・セイット

「祖国の愛で満たされる我が心」

エッセイ　ローズ・グリバイ

ウイグルの詩

ウイグルの定型詩

ウイグルの定型詩はアルーズ格律の定型詩とバルマク格律の定型詩そして自由音律詩の三つのカテゴリに分かれる。詩型は脚韻の場所と行数、行数における音節の数の規則、内容などにより数十種類以上ある。

ウイグルの詩人たちが自分の詩人としての技量を競う時に読む「ガザル」（アルーズ格律で書かれる）という詩型を例に、ウイグルの定型詩型をみてみることにする。

「ガザル（ghazal）」は、アラビア語の「紡ぐ」という言葉に由来するが、アラブ文学では「恋愛詩」を意味する。しかし、ウイグルの詩人たちは「ガザル」を思想と感情を「紡ぐ」個性的な二行詩として詠んでいる。

「ガザル」の詩型は次の通りである。「ガザル」は必ずアルーズ格律で書かれる。

第一行 ―V―――A　第二行 ―V―――　第三行 ―V―――
―V―――A　―V―――A　―V―――A

注：「―」は子音で終わる音節、「V」は母音で終わる音節、「A」脚韻を表す。

アルーズ格律

アルーズ格律というのは、詩における韻律とリズムや音楽性の法則を研究した成果や発見の統計である。アルーズ格律は、最初にアラブ人のハリル・イブニ・アフマディ（七一九～七九一）によって理論化されたと見なされている。アルーズ格律はペルシア文学の影響を受け、テュルク文学に取り入れられた。最初のものは一〇七〇年のユスフ・ハッス・ハージブによる『クタドゥグ・ビリグ（幸福になるための知恵）』の二行詩で確認されている。テュルク文学における「アルーズ格律」は、テュルク語とその詩の特徴に合わせて変化を遂げたものであり、アラブやペルシアのそれとは異なる。そして、ミール・アリー・シール・ナワーイー（一四四〇～一五〇一）の『ミザヌール・エウザン（音律の法則）』でその学問的な法則がまとめられ、「テュルク・アルーズ」と呼ばれるようになったのである。

バルマク格律

アルーズ格律に比べて比較的制約を受けないため、書きやすいと言われているが、そのリズムと音楽性そして詩的高みにおいて、アルーズ格律とは異なる。バルマク格律で書かれた詩は、毎行の音節は必ず同じでなければならない。バルマクは指の意味であり、指で音節を数えながら詩を書く意味で使われる。

自由韻律詩

韻を踏まなければならないが、行数と韻律そして音節に対して規則がない詩のことを言う。

ウイグルの詩人たちは韻律と言葉の関係について「互いを高める絶妙な良い関係であ

る。韻律は言葉を制限すると同時に、また言葉を極める役割を果たす」と説明する。韻律と言葉の関係を「神域」で解決する詩人たちが、もっとも喝采を浴びるのは言うまでもない。第一線で詩を書く三千人以上のウイグル人詩人軍団の存在が、ウイグル人が詩を愛する人々であることを物語っている。

ウイグルの現代詩

ウイグルの現代詩（新体詩）歴史は一九八六年の文学誌『テンリタッグ』の一九八六年号に掲載された、アフメットジャン・オスマンの「夢」など一連の詩でもって幕が開けたとされる。ウイグルの現代詩は、アルーズ格律やバルマク格律で書かれるウイグルの定型詩のいかなるルールや形式も適用されない。またウイグルで昔からある韻律の詩は、形式にこだわらない韻を踏む自由韻律詩とも全く異なる自由詩をさす。

ウイグル現代詩とその誕生の背景を伝える前に、アルーズ格律とバルマク格律、そしてウイグルの定型詩について少し説明させていただく。

ウイグル現代詩の誕生背景とアフメットジャン・オスマン

一九六六年に始まった中国「文化大革命」が中国漢民族の文化と文学を著しく破壊したことは周知の事実であるが、ウイグル文学も「文化大革命」の打撃で「ウイグル文学の悲劇の時代」を迎えたのである。

この時のウイグル文学の内容は「共産党を讃える」詩や作品、「共産党と毛沢東語彙録」を中国語からウイグル語に訳すことしかできなかった。文学はその本質から離れ、ただの「プロパガンダ」になった。このような状況は文革が終わった一九七六年以降も一九八五年まで続いたと言われている。

この状況はウイグル語とウイグル文学の担い手であるウイグルの知識人たちに熟慮させ、この状況から一刻も早く脱出し、ウイグル文学とウイグル語の輝きを取り戻すために一致協力させる原動力になった。

この原動力は「ウイグル現代詩」という詩の形で花を開いた。後にウイグルの天才詩人と呼ばれるアフメットジャン・オスマンは、一九八二年に新疆大学ウイグル文学部に入学し、シリアのダマスカス大学アラブ文学部に交換留学生の形で留学、アラブ文学そしてすぐ近くの国トルコの文学および詩と接する貴重な機会を得る。

彼はあるインタビューで「ウイグルの長年不作で枯れ果てた文学畑を輝かせるための手段として、まず、韻律と表現の制限を受けない現代詩（新体詩）のスタイルを持ち込み、人々の鎖国した思想に刺激を与え、化石になったウイグル語の原石を見つけ出し、磨き上げ光らせたかった。同時に、詩は党を讃える、あるいは愛を唄うことだけではない。詩は宇宙のあらゆるものを唄うことができることを伝えたかった」と語っている。

一九八六年、ウルムチに帰国した彼は、ウイグルの有名な文学雑誌『テンリタッグ』に「夢」などの一連の詩を投稿する。その中で当時、最も反響を呼び、ウイグル人が最も共感した詩を取り上げてみることにする。

裏切りの山々
裏切りの
山々よ

私のこだまする声は
どこだ

ウイグル現代詩（新体詩）の始まりである。アフメットジャン・オスマンの現代詩はウイグル文学において、信じられないスピードで普及した。彼の影響により現代詩を書く詩人たちが夜空の星の如く現れ、ウイグル新鋭詩人たちの力強い一群が現れ、ウイグル文学、即ちウイグルの詩を引っ張る形になった。ウイグルの定型詩と現代詩は時には睨み合い、時には協力し合い、互いに刺激しあって今まで発展を遂げてきた。

アフメットジャン・オスマンが定めたもう一つのルールがある。

「ウイグルの現代詩人たちは、伝統的な詩作技法に熟達し、古典文学の素養と現代的感性を高いレベルで身につけ、伝統的な定型詩を書いて人々を納得させることができなければならない。これをクリアした者だけが、自由韻律詩を書くことが許される」

これが、ウイグル現代詩を書くための一つの暗黙のルールになった。

ウイグル現代詩と中国の朦朧詩

ウイグルの現代詩は一九七六年から中国漢民族文学界で誕生した「朦朧詩」の影響を受けたものであると言われることがあるが、ウイグル現代詩のアフメットジャン・オスマンはじめ、ウイグルの文学界および現代詩を代表する詩人たちはこの説を否定する。アフメットジャン・オスマンは「私は中国語を未だに読めない。十八歳からアラブ世界でアラブ文学を勉強したことが全てを物語っている」と答えている。

ウイグル文学はペルシア・アラブ文学とインド文学その次にはロシア文学の影響を受けてきた。しかし、ウイグル文学は今まで中国文学の影響を受けてないと言っても過言ではない。その原因として、中国文学における「中華民族が一番」という思想や「個人と国家権力崇拝」に傾く価値観が、ウイグル文学における「すべてを超えて人間の尊厳・母なる大地の美しさ」を謳う「ウイグル文学の本質」に合わないものであると言われている。

ウイグル現代詩の詩人五人の光と陰

アフメットジャン・オスマン（Ahmatjan Osman）

一九六四年四月二十六日、東トルキスタン（ウイグル）のウルムチ市に生まれる。ウイグル現代詩の創設者、ウイグル現代文学を代表するもっとも著名な詩人。一九七八年、十四歳の時に「おばあちゃんが教えてくれた物語」という題の処女作で詩人デビュー。ウルムチ市の有名な進学校である「実験中高校」を経て新疆大学文学部に入学後、シリアのダマスカス大学に留学しアラビア文学で修士号を取る。現在家族とともにカナダのトロント在住。

一九八〇年に新疆ウイグル自治区第一回児童文学最優秀賞受賞。受賞作品名は「彼を学校に行かせて」。一九九二年にウイグルで行われた「読者が選ぶもっとも好きな詩人三人」の一人。「東トルキスタンが独立国だったら、ノーベル文学賞も夢ではなかった」とウイグル人の間で囁かれる人物でもある。ウイグル語とアラビア語で詩を書ける類い稀な才能の持ち主で、今まで十一冊の詩集を（うち六冊はアラビア語で）出版している。英語に訳されたもの一冊『Uyghurland, the Farthest Exile』と邦訳の詩集が二冊ある。二〇一五年五月に日本の歴史上初めて、ウイグル詩人の詩集、アフメットジャン・オスマンの『あ、ウイグルの大地』が出版され、十一月には『ウイグルの詩人アフメットジャン・オスマン選詩集』が出版された。二〇〇九年に東トルキスタン亡命政府に参加し、亡命政府の副総理を二〇一五年まで務める。二〇一五年十一月～二〇一八年十月まで、亡命政府大統領を勤めている。

なぜ一詩人から政治に関わるようになったのかという問題について、彼は日本の産経新聞二〇一六年十月十五日付のインタビューで以下のように答えている。

――「詩人」がどのような経緯でこのような運動に携わるようになったのか

オスマン「私は今でも、詩人です。母国語で詩を書く、書きたい詩人です。私は詩を書いて、母国語で書いた詩が自分の故郷で出版禁止になるという現実に直面しました。私が愛して詩を書いた私の母国語は中国のバイリンガル教育という、実質的には中国語教育の下で、消滅の危機に晒されているのを目の当たりにしました。魚は水で生きているように、私たち詩人は言語、言葉の中に生きているものです。中国政権は私のような人間が呼吸している母国語をなくそうと政策を立て、一生懸命にそれを実行しています。私は自分の母国語を守ることは自分を守ることだとさとった詩人であるかもしれない。私は自分の母国語を守るために中国の政権、政策と戦わなければならない立場に置かれました。母国語を守ることは私の祖国、侵略された大地を守るということ。守るために独立を勝ちとらないといけないということに目覚めました」

「シェエラザードの口から次々に現れる夜」

私は座り慣れた
とある公園の
濃い木陰の下で
一時（いっとき）昼を享受しながら

散歩している人々の顔に映る太陽を
アスファルトの隙間から芽吹く芝草を観ながら
シェエラザードの口から次々に現れる夜の到来で
起きている謀殺（ぼうさつ）の意味について考えていた
人生の暗い鏡から
私の運命を明らかにするために
私の許しを請うて
一人の占い師の女が前に立った
沈黙のうちに
彼女の狡猾な目を見つめ
ふと考え込んでしまったのだろう
気がつくと
シェエラザードの口から次々に現れる夜のように
足早に私から遠ざかっていった

歩みは
散歩中の人々の首に下げた鈴のように
かすかに響いていた
歩みは
アスファルトの隙間から出る
芽吹く芝草を祝うように
ほのかな光を浴びて輝いていた
その時から
私たちは昼を少しばかり享受しながら
次々に現れる夜から太陽を観ながら
輝く歩みで芝草を響かせ
公園で散歩するようになった
アッラーもサタンも知るすべのない人々の欲望を
あの占い師の女が占えるかどうか

知りたかった

二〇〇四年　トルコ・アンカラ

タヒル・ハムット（Tahir Hamut）

一九六九年カシュガルに生まれる。ウイグル若手詩人を代表するトップ詩人。北京の中央民族大学ウイグル学科を卒業後、北京党校の教師として働くが後にウルムチに戻り新疆芸術学院の准教授となる。「北京党校に務めた時の国家機密を外国に流す疑いがある」との容疑で一九九八年～二〇〇一年まで三年間投獄される。二〇一六年にアメリカに亡命。また同年、ウイグル詩人としては初めてアメリカで、彼の名詩「夏は一つの陰謀」の名に因んだ詩の夕べ「Summer is a Conspirasy」を開催した。『西欧現代文学概論』などの著書と『間　そして他』などの詩集がある。

彼は、ウイグルの詩人としてはじめて、アメリカのペンス副大統領とマイク・ポンペオ国務長官と会い（二〇一八年七月。ワシントン）、ウイグルの文化人の現状を訴えた。アメリカに渡った当初はタクシーの運転手をして生計を立てていた。今はＲＦＡの記者として働いている。

二〇一九年十月にメキシコの映画監督のノエ・ナーヴァーによる、タヒル・ハムットの人生を描いた『フェアファックスに生きるウイグルの詩人』が収録された。このドキュメント映画の中でタヒルは「ウイグルの豊富な民間文学が小さい時から私に多大な影響を与え、育てくれたおかげで、私は詩人になった」と述べている。

「ウルムチ」

町は
死せる氷の中
古の凍てつく風が
尊厳を吹き飛ばしていた
水面に映った星影が
ずぶ濡れになった

地面から蒸気が立ち昇っている場所で
真昼の一時　私は啜り泣きを耳にした

町は
繰り返される乱れた物語
主人公になれない私
幾年も前の太陽の光が煌めく夏の日
愛への恐怖を抱いた病んだ娘が
愛しているというウイグル語が分らぬまま
町から立ち去った

町は
疲れきっていた　私のように
春と秋を拒んだ

霧の中で遠のいていった

二〇〇七年三月　ウルムチ

ペルハット・トルソン（Perhat Tursun）

ウイグルのトップ詩人で小説家の一人。一九六九年、南部の町アトゥシに生まれる。一九八〇年文壇デビュー。中央民族大学ウイグル学科卒。文学博士。文化庁の職員。『ペルハット・トルソン選詩集』などの詩集と『自殺の芸術』などの小説がある。ウイグル語と中国語で詩と小説を書く。

二〇一八年に強制収容所に送られ、実刑が言い渡された。

「宿敵」

宿敵同士の二人
互いに反対方向に歩き続ける

ある日
同じ地点に辿りつくことになる
地球は丸い故

暗闇に向かう者は振り返らない
光を目指す者も前進のみ
ある日
同じ時点にいることになる
歴史は繰り返す故

グリニサ・イミン・ギュルハン（Gulnisa Imin Gulxan）

ウイグルを代表する実力派の女流詩人の一人。一九七六年、ホータン市に生まれる。中学校教師。『ギュルハン』『ギュルハンより百一夜』などの詩集がある。

二〇一八年にいわゆる「再教育センター」という名の強制収容所に連れていかれ、今は行方がわからない状態である。

「父の麦畑と兄のホータン玉」

如月の頃
父の麦が熟し
杏が地に落ちた
それを見ながら
気づかれずに通る時を見ながら
七人の心が締めつけられた
咲き誇るタマリスクの樹が
父のように曲がった
父に逢えなくなって頭が下がった
父がそれらに逢いたくなったように

彼らも父に逢いたくなった
父の額に輝く汗水を
太陽　微風　大地が
時に思い出した
幾夜か過ぎた
小川が父を思い出した
父のしっかりした足音が
なぜか時間と共に遠ざかって行った
幾ばくかの肉を
孤児のくるみに包んで帽子に入れた
七人の父がくたびれた

父の桑の実が熟した
雀と鶯が腹いっぱい食べた

杏が熟した
雀とネズミが腹いっぱい食べた
小麦が熟した
陽射しが腹いっぱい食べた
父の命が熟した
私たち七人の雀は未だ腹いっぱいでなかった

父は小麦に問う
鎌を研ぐ
月明かりの下　畑に行く
驚いて気づいた時には
自身で起ちあがれなくなっていた
小麦の面倒をみられなくなったことを
桑の実を振り落とせなくなったことを

杏を陽射しに見せられなくなったことを
無言で悲しむ
心に染み入る
父の麦畑は
惜しみながら父に逢いたがる
父が植えた胡桃の樹は大きくなった
葡萄畑が広がった
梨の木は果樹園になり
タマリスクも一人前に育った
胡楊の木は父を待ちわびた
父の手は届かなくなった
足跡が辿りつけなくなった
それでも忘れることがなかった

父の麦が熟した
私たちが刈った
それでも父の疲労は癒えなかった
鎌を握り慣れた手が
私たちの頭を撫でた
響く音を懐かしむ声に
泣きたくなる
何も言わないが
父の沈黙が私たちを悲しみに陥れる

父の麦が熟した
父に逢いたくなりながら
この何年も熟したまえ
父は腰を曲げて刈ることができなくても

小麦のような心が退屈にはなるまい

兄のホータン玉が
川辺で静かに眠る
玉は
ヨルンカッシュ河の身体
兄は痺れた　疲れた手で
希望を掘る
命を掘る
家にいる女子供の
待ちくたびれた期待を掘る
掌の石が
恥じらいつつ静かに彼を見つめる
恥じらいは今月から来月まで待てない

幸運が訪れようとする時
兄の手足が麻痺してしまう
石はそのまま大きくなってくれない
兄は湿った砂に座して
掌を広げる

兄は父の麦が熟して欲しいと願う
目に涙が浮かぶ
父は兄の玉が大きくなって欲しいと願う
懐が愛と優しさでぼろぼろになりながら

アブドレシット・アリ（Abdureshit Eli）

ウイグルを代表する若手詩人の一人。一九七四年ホータン市に生まれ、一九九二年に詩人としてデビューする。六〇〇篇以上の詩を書いてネットで発表している中学校の教師として有名。彼の詩は中央アジアやトルコ、中東などで根強い人気がある。
二年前から連絡が取れていない。

「愛は嘘から始まる」

愛は嘘から始まる
いつしか想像を超えた真実に変わる
恋人に捨てられた時　全てが嘘のままであって欲しい
恋人が戻ることだけが嘘として残る

私は嘘について考え始める
隣の娘が私の前を通り過ぎる
残り香が
命を取るほどに地面に散らばる

私は嘘が真実になる道筋を考え始める
歩きながら君の方を繋く振り向く
君は真向いの道を歩いている
人々の中に君を見失う
なぜかと自責の念にかられる
やがて得心がゆく
人々が君を隠してしまう
君を見ることができない
太陽は君が去ったと言い
天空から地面まで
全てが嘘であることを望んでいる
窓が開いているのが　見えるか
幸が欠けているが　見えるか
私の生きざまが　見えるか

私の身に魂がないが　見えるか
隣の娘が再び過ぎて行く
残り香はなく
私たちが別れたあの角は
誰かを巡り合わせ　誰かを別れさせる

私は去ったが　君のようには去れない
私は生きたが　君のようには生きられない
私は忍耐強いが　君のようには忍耐強くない
私は諦めたが　君のように諦めない
嘘から始まったことばかりを考えてはいられない
始めは信じられなかった真実を思い出せない
君を待っていることだけを覚えている
残りは嘘ばかり

愛が一本の薔薇であるのなら　自身で受け取って
愛が一つの物語であるのなら　語るのを止めて
あの日は　この日と繋がり
私は自身に戻っても不思議であるまい
小さなできごとが重なる夜

こちらで紹介させていただいた詩は『ああ、ウイグルの大地』『ウイグルの詩人アフメットジャン・オスマン選詩集』『ウイグル新鋭詩人選詩集』（ムカイダイス・河合眞共訳　左右社）からの抜粋である。

おわりに

私はウイグルを専門とする学者ではないため、学術的な本を書けない。ただ一ウイグル人としてウイグルのこと、ウイグル人の考えを日本に伝えたい――その一心で書かせていただいた。故に、内容についていくつかのことを皆さまにお断りしておきたい。

第一章の内容は、ほぼ私の実体験に基づいているが、固有名詞や人物、場所そして年代などについて特定できないように書かせていただいた。

その他の章の内容については、主にラジオ・フリーアジア（ＲＦＡ）の毎日のウイグル関連の報道、およびウイグル語の歴史書を参考にさせていただいた。また、日本語の書籍や文献の引用があれば、本文中に出典を明記している。

私は普段「世界ウイグル作家連盟」の一理事として、ウイグル文学と詩の勉強をしている。日本の古典文学『万葉集』や『百人一首』などをウイグル語に訳したりもしている。

私の恩師である河合眞先生の豊富な知識と丁寧な指導の下で、ウイグルの詩と文学を日本語に共同で訳し、日本ではこれまでに五冊の翻訳書を出版させていただいた。

そういった経緯があり、皆様にウイグルの文化、すなわち文学及び詩について知っていただきたいとの考えで、第六章を加えた。

本来の予定では、私が普段から『万葉集』や『百人一首』をウイグル語に訳し、中央アジアのテュルク語世界に発信していることについて、ウイグルを始めとする中央アジアの人々が日本について新たにどのような感想を持たれたかについても述べる予定ではあったが、『万葉集』の全訳が終わっていないこともあり、別の機会に譲ることにした。


巻末に掲載させていただいた「強制収容所に収容されているウイグルの知識人リスト」だが、これは、現在ノルウェーのオスロに住むウイグルの歴史学者で、ノンフィクション作家・詩人のアブドワリ・アユプ先生が三年かけて集めたものであり、一人の学者について三つの情報源（友人や家族・職場の人・中国政府の公式記録）などを踏まえてまとめた、血と汗と涙の労作である。

リストの中には、日本の大学で学位をとってウイグルに帰った知識人もいる。また、アブドワリ・アユプ先生ご自身も、ウイグル語の教育を守るために中国共産党によって捕らえられ、刑期を言い渡された一人である。

彼はある随筆の中に、刑務所で出会ったある二十歳前のウイグル人の若者について書いている。その若者は後に分裂主義者として共産党に処刑される。

死ぬ前に彼は、先生に「なぜ私たちはこうなったの？」と聞く。先生は答えられなかったことの無念を述べている。

この言葉が、若くして失われた彼の人生と共に、ずっと私の心に突き刺さる。

「なぜ私たちはこうなったの？」

ウイグルの真実を語ると、その内容が「気に食わない」「都合が悪い」方々からすぐに個人攻撃が始まることを、私は承知している。また、その内容が「反中国に利用されている」と批判する人もいる。

しかし、その人たちは、決してそれを自分の言葉としてではなく、「誰それがそのような指摘をする」などと言うように、ただ保身のために強かに振る舞っているだけなのは見え見えである。私が知るうち、ウイグルを愛する方で「ウイグルのことを反中国に使うべきではない」とはっきり言えたのは一人だけである。それ以外の方で、ウイグルについて反中国に利用されるのを良く思わないのであれば、せめて自分の言葉で話すように願う次第だ。

最後に、私に貴重な機会をくださったハート出版と、私の拙い、間違いだらけの日本語に根気強く対応してくださった編集担当の西山さんに感謝を申し上げたい。

また、今回解説を担当してくださり、日本人の中でウイグル人にとって最も信頼できる方の一人である三浦小太郎先生にも感謝を申し上げたい。

附録のリストをご提供いただいたアブドワリ・アユプ先生にも感謝を申し上げたい。

そして最後に、私を助け、応援してくれている全ての友人たちに心からの感謝を。

二〇二一年二月吉日

ムカイダイス

解説

三浦　小太郎

本書には二つの意識の流れ、それも全く異なった意識の流れが存在している。一つの流れは、現在ウイグル（東トルキスタン）で行われているジェノサイドに対する告発と、祖国を奪われたウイグル人の怒りと哀しみだ。そしてもう一つの流れは、幼少時の体験に基づくもう一つのウイグル、中国人も、ウイグル人も、他のあらゆる民族がともに行き交い共存していた、平和で文化の花開いた歴史への憧憬である。

さらに言えば、著者・ムカイダイス氏のこの二つの意識を深い処で結び付けているのが、かって日本がウイグル、チベット、モンゴルにまたがる「防共回廊」を築き、そこでスターリン全体主義体制という、現在の中国習近平体制に匹敵する「悪の帝国」に対抗するための民族を越えた連帯を築こうとした歴史と、それを発掘し未来に受け継ごうとした気鋭の日本知識人の著作であったことは、私たち日本人の読者にも深い感動を与える。本書が単なるウイグルの現状への告発を超えて、過去の歴史と未来をつなぐ著書となりえたのは、このような幾つもの要素が提示されているからだ。

ウイグルの現状は「人権問題」ではなく「植民地支配」

現在、ウイグルが置かれている現状を、著者は明確に、中国の侵略によりウイグル人が独立と国土を奪われ、支配下に置かれている、つまり植民地にされている状態に他ならないとみなしている。だからこそ、ウイグルの問題は人権問題や民族自決権の問題だけではないのだ。今、報道でもやっと取り上げられるようになり、本書でも各証言者によってそこでの拷問や精神的・肉体的虐殺行為が明らかになっているウイグルにおける強制収容所で行われているジェノサイドは、植民地化による必然的な結果である。

近現代史だけに限っても、ウイグルは一九三三年に「東トルキスタン・イスラーム共和国」として、また一九四四年、「東トルキスタン共和国」として、二度にわたって独立を果たしている。本来独立国でありその意思を持つウイグルが、中国によって侵略され植民地化されていること、それが問題の本質なのだ。筆者はこのことを本書で強調し、特に一九四四年、民衆の決起により第二次世界大戦中に成立した東トルキスタン共和国が、早くも一九四七年に崩壊したことについて、その根拠を、延安における中国共産党第七回党大会にて毛沢東によって提示された一九四五年の演説「連合政府論」に見出している。

その「連合政府論」には、国民党の当時の民族政策を「ファッショ的大漢民族主義」と批判し「国内少数民族の待遇を改善し、各少数民族に民族自決権及び自発的希望による原則の下で、漢民族と連邦国家を建設する権利を認める」と明記されていた（『周縁からの中国』毛里和子著　東京大学出版会）。現実には、国民党との内戦に勝利し、権力を握ったのちは、中国共産党と毛沢東は直ちにこの「連邦制」や「民族自決権」を否定してしまうのだが、おそらく、ウイグルのみならず、チベットやモンゴルの真摯な知識人や運動家の多くは、この言葉を当時信じ込んでいた人が多かったはずだ。

実際、当時の東トルキスタン共和国の指導者たちは、毛沢東のこの言葉を信じて独立を失ってしまう。一九四九年、当時の東トルキスタン政府幹部は、北京に招かれて飛行機に乗り、そのまま行方不明（正式発表は飛行機事故で墜落、全員死亡）となってしまったのだ。指導者を失った東トルキスタンはたちまち独立を失い、軍事的にも占領されてしまう。

さらに著者は、当時の中国共産党を信じて、この時消息を絶った指導者の子孫による、次のような痛ましい言葉を引用している。

「祖父は『中国共産党は長年清朝の凄まじい弾圧を受けてきたために、人々の苦しみをわかると思っている』と祖母に言っていたらしい。」（64頁）

著者はこの悲しい言葉を「ソ連と中国国民党、共産党に挟まれ苦しい状況の中で、共産党を協力相手に選んだことの一端をうかがわせる」と評しているが、同時に「国をたやすく侵略者に渡してしまったわが民族の愚かさと責任」をも痛みを込めて記している。その結果、本書第五章「強制収容所の実態」で明らかにされているような、まさにウイグル全土が「収容所群島」と化す地獄のような事態が出現してしまったのだ。ここで紹介される数人の証言者の言葉を読むだけでも、そこで繰り広げられている民族絶滅政策の実態は明らかである。

だからこそ現在、著者を含む多くのウイグル人は「東トルキスタン」という言葉を、歴史を取り戻すために心に抱き続け、自らの祖国の名前として守り続けているのだ。彼らが中国の造語である「新疆」を拒否するのは、「清朝による征服から今までその植民地と侵略政権に対する戦い、即ち国土と主権を奪った侵略者を追い出す戦いを続けてきた不屈の精神」（68頁）の表れなのである。

同時に、著者が鋭く批判しているのは、この収容所体制を作り上げた中国共産党に対してのみならず、それを傍観しているわが国の知識人や「ウイグル研究者」の存在だ。「現地のウイグルの友人を危険に晒したくない」という言い訳に対し、著者は「そのような偽善者とはウイグル人誰一人として友人になろうと思わない」「『ウイグルの友人』という言葉を、保身のためにたやすく口にするものではない」と批判している。あるいは、著者は紹介していないが「自分の研究のためには中国政府と敵対したくない」という声もあるに違いない。このような日本人研究者がいること、それはまさしくわが国の恥だと思う。

「防共回廊」と関岡英之氏の志

もう十年以上前のことになるが、私はトルコで亡命ウイグル人の活動家に出会ったことがある。通訳を通じた会話だったし、もはやおぼろげな記憶をたどるばかりなのだが、その時彼は、日本国は秘密裏に、ウイグルをはじめ様々なアジア諸民族を支援するための資金や部隊を保持しているのではないか、と真顔で私に問いかけてきたのだった。本書第三章で次のような文章を読んだ時に、私の脳裏にまざまざと浮かんできたのがこの記憶だった。

「ウイグル人の間で一九三〇年ごろから今までずっと『あの時、日本が来てくれていれば、東トルキスタンは独立していた』との言い伝えがある。内容としては『あの当時、日本は共産党が悪ということを、人類の敵であることをいち早く知っていたために、ソ連共産党と中国共産党からウイグルを守って独立させたかったらしいが、アメリカが二回にわたって日本の広島と長崎に核爆弾を落としたために、この計画は成し遂げられなかった』と言うもので、ほとんどのウイグル人がこの話をなぜか知っている」(70頁)

ウイグル人の多くが持つ親日感情(本書では、二〇一〇年の反日デモの際も、ウルムチで中国人たちが反日デモを行おうとし、同市のウイグル人から「北京でやれ、ウルムチでやるな」との声が挙がったという興味深い事例を紹介している)の根本が、この「伝説」に由来しているのだが、著者はここ日本で『帝国陸軍知られざる地政学戦略――見果てぬ「防共回廊」』という一冊の書物と、同書の著者・関岡英之氏と出会うことによって、この

「伝説」が歴史的事実であることを知ることになった。

関岡氏は外務省ほか様々な資料を駆使し、旧帝国陸軍と関東軍が、満洲国建国後、モンゴルおよびウイグルの独立を支援して、ソ連そして中国共産党に対峙する「防共回廊」を結成しようとしていた雄大な戦略を抱いていたことを明らかにした。そして、日本人の多くの読者が、かっての日本軍人の見識や戦略に感心することにとどまっていたのに対し、著者は、この戦略が単なる政治戦略を越えて、日本国が西欧近代にどう対峙するかという思想的、歴史的な問題にも直結してたことを読み取っている。

この「防共回廊」戦略の生みの親だった林銑十郎は、ベルリン留学時にドイツがイスラーム圏に対し研究や諜報活動をしていることに興味を持ち、当時のバルカン半島を視察、同地のイスラーム教徒研究を通じて「第一次世界大戦時回教諸国の動静」というレポートを作成する。ドイツのイスラーム研究がおそらくは政治戦略と中東への進出を目的としていたのに対し、林には別のモチーフがあったことを、関岡氏は次のように述べていた。

「近代化であれ、共産化であれ、外来思想の侵襲を前にして混乱動揺をきたさないためには、確固たる思想体系を断固として堅持しなければならないという教訓を、林はムスリムという他者の中に見いだしていたのであろう」(『防共回廊』)

林にとって、そして「防共回廊」の結成を試みた軍人たちの精神の最も深い部分において、これは単なる共産主義に対する防衛網だけではなく、西欧近代がこのアジアに対し、軍事的のみならず思想的に侵襲してくる避けがたい現実にどう対峙し、いかに自らの価値観を守り抜くかという思想的問題だった。

そして彼らが直面していたのは「和魂洋才」という姿勢で、日本精神を守りながら欧米の技術を取り入れてきたつもりの近代日本が、実は知らず知らずのうちに近代化の中で伝統精神をも失い、欧米の最新思想にたやすく影響され、ついには近代主義の悪しき極限というべき共産主義思想にまで影響を受けつつある現状だった。これを乗り越える道を、林はイスラーム教という日本人にとって異質な、しかし、西欧的近代と根本的に違う価値観を持つ宗教に見出したのである。関岡氏は『防共回廊』を、単なる歴史研究としてのみ述べていたのではない。現代日本が直面し、また取り入れようとしているグローバリズムや安易な移民政策、綺麗ごとの国際化に対抗すべき思想軸を歴史の中に見出し、日本の精神的覚醒を導こうとしていたのである。それは、イスラーム教という信仰、ウイグル人の伝統文化というアイデンティティを最後の砦として中国の支配に抵抗している、著者を含むすべてのウイグル人の道と本質的に変わらないものだった。共産主義であれ、近代化とその帰結としてのグローバリズムや伝統喪失であれ、人間の、民族の共同体と精神を解体する者への抵抗という一点で、著者と関岡氏は出会ったのである。

そしてこの『防共回廊』は、著者のウイグル語訳を通じて、世界のウイグル人に向けて紹介されることになった。同書のうちウイグルについての章がウイグル語に翻訳され、インターネットでの公開、そしてイスタンブールでの出版が実現したのだ。しかし、その二〇二〇年に予定されていた、同地での交流会を控えた二〇一九年五月、関岡氏は五十七歳の生涯を閉じた。

「先生はアジアの誇りであった美しい大和の国日本を、魂に桜を咲かせることができる武士の生き様を、私たちウイグル人に見せてくれた。関岡英之先生は私たちが憧れ、愛した美しい日本そのものだった。」（82頁）

関岡氏の志は、彼が愛しその独立と幸福を祈り続けたウイグルの人々に届き、おそらく更なる花を咲かせ続けるだろう。アッラーの恵みは彼の上にあった。

著者の原風景の中にあるユートピアとしての「ウイグル」

そして、著者の少女時代を舞台にした第一章は、ある意味著者の原体験とも言うべき興味深いエピソードが満載である。そして、日本の古典詩のウイグル語訳、また同時にウイグル現代詩の日本語翻訳家としても活躍している著者の文章の美しさが、この章においては最も際立って表現されている。

確かに当時から中国政府の抑圧や、文化大革命時代の傷跡は残っていただろうし、著者はそのことも指摘してはいるが、ここで描かれるウルムチは、あらゆる民族が共存する、言葉の最も正しい意味における「国際都市」である。それは決して無国籍者の集まりではない。それぞれの民族と伝統を守りつつ、その全てが等しく生きられるような、人間本来の在り方を夢見させてくれるような都市なのだ。このような街であってこそ、人間は孤独や疎外とは無縁の真の精神の自由を獲得する。著者はウルムチという都市名の由来を、ウイグル語の「編む人々」から生まれたものではないかと述べているが、これは同様に、あらゆる民族が行き交い、そしてその文化が編み込まれた美しい絨毯のような街を想像させる。そして、著者は少女時代の交友関係で、一番仲が良かったのは、漢民族の「小強」とモンゴル人の「マンデラ」であり、それぞれ自分の言語で話し、しかもお互いがそれを充分に理解していたと語っていることは、まさにこのウルムチの象徴であり、本来のウイグルは実はこのような環境だったのではないだろうか。

そして、この中国人少年「小強こと王国強」とのエピソードはとても印象的だ。王国強は「中国エネルギー省新疆管理局」局長の息子だったためにコネで著者と同じ学校に進んだが、やがて授業についてゆけず、勉強にも興味がないため登校しなくなった。著者は学校から預かった重要な通知を届けるために王の家を訪れ、そこで初めて漢民族の家を経験する。それはウルムチの自由な空気とは全く別の世界のように思われた。

「私が通された部屋は会議室のようにも見える、広々とした殺風景な部屋だった。入った瞬間何か独特な匂いを感じた。その匂いは、やはりウイグル人家庭の草花の匂いが混じる清潔で暖かい清々しい匂いとまるで異なる匂いであった。」(32頁)

そして、王の父親でありこの地域の有力者である初老の男は、不気味で冷淡な口調で「偉大な我が党」を讃美し、共産党への感謝の念を持つように演説を聞かせるのだった。少女時代の著者は、何とも言えない反感を覚えたことを率直に語っている。こうしてウイグル人は現実の支配・被支配の関係に気づかされ、そしてこのような傲慢な人間に仕えねばならない両親をはじめウイグル人の現実を突きつけられるのだろう。

しかし、ここで部屋に入ってきたのは、王国強の母親である美しい漢民族の女性だった。彼女は著者の服装や可愛さをほめ、さりげなく別室に誘うと、ぜひ、あなたの絵を描きたいと言い出したのだ。

両親の許可を得て絵のモデルとなった著者は、それから数カ月して、完成した絵を見せられた。そこには確かにウイグルの少女が美しく描かれていたが、その表情のどこかに、描いた漢民族女性が投影されているようだったのだ。著者は率直に「この絵は本当に綺麗です。私にもそしてあなたにも似ています」と言ったが、その漢民族女性は笑うだけで何も答えなかったという。

著者はその絵のこと、そして、中学卒業後に別れた友人、王国強のことを時々思い出すと語っている。王国強は新疆で、おそらく今は支配者の側として、ウイグル人を弾圧する側にいるのだろう。「私はあなたになんと言えばいい？　ウイグル人を無闇に捕まえるのはやめて、強制収容所を閉鎖してと頼むべき？」（35頁）と著者は語る。

しかし、読者である私は、王国強が、現実には支配者の側にいるとしても、その心の中にはかすかにでも、少年時代に友人だったウイグル人少女のことを覚えていると信じたい。そしてそれ以上に気にかかるのは、著者をモデルに、ウイグル人も漢民族も、それぞれの美しい文化を守りつつ、一つの美しい調和した世界を描いたこの漢民族女性のことである。

著者は「この私の子供時代の体験が、たぶん他民族が一緒に暮らすウルムチの原風景であると思っている」（36頁）と語っている。その風景は、今はどこにあるかもわからない、著者の少女時代を描いた一枚の絵画の中にも刻まれているはずだ。

現在、ウイグル人は中国のジェノサイド政策の下に呻吟しており、この犯罪行為を世界は許してはならない。しかし、その先に目指すべきものは、かつておそらくウイグルに存在していた、そして今も、漢民族の中にすらきっと宿っているはずの、すべての民族が共存し、その力ではなく文化の美しさを競い合うようなユートピアである。（終）

【巻末附録１】「強制収容所に収容されているウイグルの知識人リスト」

List of Uyghur intellectuals imprisoned in China from 2016 to the present
(Last up-dated by Abduweli Ayup on November 13th, 2020)

Medical Researchers and Doctors

1. Halmurat Ghopur (M), Former president of Xinjiang Medical University, head of XUAR Medical Oversight Bureau, physician, PhD.
2. Abbas Eset (M), Instructor at Xinjiang Medical University, physician, PhD.
3. Nurmemet Emet (M), Dean of the Department of Uyghur Traditional Medicine, Xinjiang Medical University PhD.
4. Enwer Tohti (M), Instructor at the Department of Uyghur Traditional Medicine, Xinjiang Medical University.
5. Alim Pettar (M), Instructor at Xinjiang Medical University, physician, PhD.
6. Perhat Behti (M), Vice president of the Affiliated Hospital of Xinjiang Medical University.
7. Abduqeyum Tewekkul (M), Physician, Kashgar Prefectural People's Hospital.
8. Enwer Abdukérim (M), Physician, Kashgar Prefectural People's Hospital.
9. Husen Hesen (M), physician, Kucha Hospital of Uyghur Medicine.
10. Ebeydulla Hesen (M), physician, XUAR Uyghur Medicine Hospital.
11. Tahir Hesen (M), physician, Kucha people's hospital.
12. Nejibulla Ablat (M), cardiologist, Kashgar No.2 people's Hospital.
13. Dolqun Tursun (M), XUAR Department of Preventive Medical.
14. Ilham Imam (M), ENT specialist, Affiliated Hospital of Xinjiang medical University.
15. Gulshen Abbas (F), Physician, XUAR Nurbagh Petroleum Hospital.
16. Abdurehimjan Emet (M), physician XUAR Uyghur Medicine Hospital.

University professors

17. Erkin Abdurehim (Oghuz) (M), Professor, Kashgar University, retired.
18. Metréhim Haji (M), Professor, Kashgar University.
19. Enwer Isma'il (M), Associate Professor, Language Department Kashgar University.
20. Enwer Qadir (M), Associate Professor, Language Department Kashgar University.
21. Abdukerem Paltu (M), Department of History, Kashgar University.
22. Erkin Ömer (M), Professor, Kashgar University, school principal.
23. Mukhter Abdughopur (M), professor, Kashgar University.
24. Qurban Osman (M), professors, Kashgar University.
25. Ablajan Abduwaqi (M), Professor, Kashgar University; Dean of the Department of Mathematics.
26. Rahile Dawut (F), Professor, Xinjiang University; PhD.
27. Arslan Abdulla (M), Professor; Former dean of the Institute of Philology, Xinjiang University; Head of XUAR People's Government Cultural Advisors' Office.
28. Abdukérim Rahman (M), Professor, Xinjiang University.
29. Gheyretjan Osman (M), Professor, Xinjiang University.
30. Tashpolat Téyip (M), Professor, President of Xinjiang University.
31. Alim Ehet (M), professor, Xinjiang University; Founder of Uyghur Soft ltd.
32. Dilmurat Tursun (M), professor, Xinjiang University.
33. Batur Eysa (M), professor, Xinjiang University.
34. Abdurehim Mahmut (M), professor, Xinjiang University.
35. Erkin Imirbaqi (M), professor, Xinjiang University.
36. Nurbiye Yadikar (F), professor, Xinjiang University.
37. Nebijan Hebibulla (M), professor, Xinjiang University.
38. Asiye Muhemmedsalih (F), professor, Xinjiang University.
39. Abdusalam Ablimit (M), professor, computer science, Xinjiang University.
40. Abdubesir Shükuri (M), Professor, Dean, Institute of Philology, Xinjiang Normal University.
41. Abduqadir Jalalidin (M), Professor, poet, Xinjiang Normal University.
42. Jemile Saqi (F), Professor, Xinjiang Institute for Education, wife of Abduqadir Jalalidin.
43. Yunus Ebeydulla (M), Professor, Xinjiang Normal University.
44. Ababekri Abdureshit (M), professor, PhD, Xinjiang Normal University.
45. Nur'eli Shahyaqup (M), professor, PhD, Xinjiang Normal University.
46. Nurmuhemmet Ömer (Uchqun) (M), professor, PhD, Xinjiang Normal University.
47. Kamil Metréhim (M), Professor, Pedagogical Institute, Ürümchi Vocational University.
48. Arzugül Tashpolat (F), professor, Xinjiang Engineering Institute; Arrested together with husband Ekrem Tursun.
49. Zulpiqar Barat (Özbash) (M), professor, PhD, Xinjiang Universit.
50. Nijat Ablimit (M), professor, Kashgar University.
51. Dilmurat Ghopur (M), Vice Rector, Xinjiang University.
52. Abduréhim Rahman (M), Associate Professor, PhD; Xinjiang University; husband of Ruqiye Osman.
53. Ruqiye Osman (F), Administrator, Xinjiang University Library; wife of Abduréhim Rahman.
54. Imam Muhemmet (M), staff, Xinjiang University Computer center.
55. Weli Barat (M), Former president of Xinjiang University.
56. Mutellip Sidiq Qahiri (M), associate professor, Kashgar University.
57. Enwer Sidiq (M), Lecturer of physics, Xinjiang Normal University.
58. Nijat Sopi (M), Professor, PhD; Ili Teacher's College; Dean of Literature Department.
59. Barat Tursunbaqi (M), Former president, Hotan Teachers College [Dazhuan].
60. Ablet Abdurishit (Berqi) (M), Associate Professor, PhD; poet, Xinjiang Institute for Education.
61. Khalmurat Eysajan (M), professor, Ili Pedagogical Institute.
62. Ömerjan Nuri (M), professor, Hotan Teachers College [Dazhuan].
63. Azat Sultan (M), Chairman of XUAR Literature and Arts Union; Chair, Xinjiang Writers Association; Professor; Literature expert.
64. Gulazat Tursun (F), professor, Xinjiang University Law school, Human rights specialist.
65. Kerimjan Abdurehim (M), professor, poet, Kashgar Education Institute.
66. Adil Ghappar (M), professor, Xinjiang Normal University.
67. Juret Dolet (M), Director of Student Affair Office, Hotan Teacher's College.

High & middle School Teachers

68. Ablajan Memet (M), Konisheher No.1 High school.
69. Ehmetjan Jume (M), Konisheher No.1 high school.
70. Sajidigul Ayup (F), Konisheher No.1 high school.
71. Abla Memet (M), former headmaster of Kucha No.1 High School, reworded in 2017 in chemistry.
72. Niyaz Imin (M), Former teacher, Kucha County No.1 Middle School.
73. Ekrem Islam (M), Vice Principal, Sanji City No.3 Middle School.
74. Dilraba Kamil (F), Instructor, Ürümchi No.92 Middle School.
75. Tursunjan Hézim (M), Instructor, Aqsu No.1 High School.
76. Ablet Shemsi (M), Instructor, Kucha County Ishkhala Village Middle School.
77. Adil Tursun (M), Vice Principal, senior teacher, Kashgar Shufu County No.1 Middle School; National-Level Expert.
78. Shahip Abdusalam (Nurbeg) (M), Instructor, poet, Kelpin County No.1 Middle School.
79. Zohre Niyaz (Sayramiye) (F), Instructor, Bay County Sayram Village Middle School; poet.
80. Turdi Tuniyaz (M), Former Principal, Xinjiang Experimental High School.
81. Alim Yawa (M), Former instructor, Peyzawat County Güllük Village Middle School; poet.

82. Ilham Tahir (M), Teacher (fired), Affiliated High school of Kashgar Normal University; son of Tahir Talip.

Journalists, Editors and Publishers

83. Ablikim Hesen (M), Head of Uyghur Department and senior editor, Xinjiang Youth Press.
84. Yalqun Rozi (M), Editor, Xinjiang Education Press.
85. Qadir Arslan (M), Editor, Xinjiang Education Press.
86. Tuniyaz ilyas (M), Editor, Xinjiang Education Press.
87. Mahibeder Mekhmut (F), Editor, Xinjiang Education Press.
88. Ayshem Peyzulla (F), Editor, Xinjiang Education Press.
89. Tahir Nasir (M), Former head, former assistant head editor, Xinjiang Education Press; XUAR People's Government education inspector.
90. Wahitjan Osman (M), Editor, Xinjiang Education Press, poet.
91. Erkin Muhemmet (M), Editor, Xinjiang Education Press.
92. Ekber Sirajidin (M), Editor, Xinjiang Education Press.
93. Yasin Zilal (M), Head editor, "Tarim" Journal; poet, arrested in 2017.
94. Abdurakhman Ebey (M), Former chief, former senior editor, Xinjiang People's Press.
95. Ekhmetjan Mömin (Tarimi) (M), Senior editor, Xinjiang People's Press, PhD.
96. Qurban Mamut (M), Former head editor, former senior editor, "Xinjiang Culture" Journal.
97. Ilham Weli (M), Chair, senior editor, "Xinjiang Gazette" Uyghur Editorial Department.
98. Mirkamil Ablimit (M), Vice Chair, senior editor, "Xinjiang Gazette" Uyghur Editorial Department.
99. Memtimin Obul (M), Editor, "Xinjiang Gazette" Uyghur Editorial Department.
100. Jür'et Haji (M), Editor, "Xinjiang Gazette" Uyghur Editorial Department.
101. Erkin Tursun (M), Editor, director, Ili Television Station.
102. Abduréhim Abdulla (M), Senior editor, Xinjiang Audiovisual Press; poet.
103. Enwer Qutluq (Nezeri) (M), Editor, Xinjiang Television Station; poet.
104. Qeyser Qéyum (M), Editor in Chief, "Literary Translations" Journal Committed suicide. Jumped off eighth floor of his office building after a police summons rather than face probable detention in the camps.
105. Mirzahit Kérim (M), Former editor (retired), Kashgar Uyghur Press; writer.
106. Mehmutjan Khoja (Ümidwar) (M), Editor, "Xinjiang Youth" Journal; poet.
107. Ablajan Siyit (M), Vice head editor, senior editor, Kashgar Uyghur Press.
108. Osman Zunun (M), Former head editor, senior editor, Kashgar Uyghur Press, retired.
109. Abliz Ömer (M), Former head editor, senior editor, Kashgar Uyghur Press, retired.
110. Osman Ehet (M), music editor, Qarluq electronic.
111. Erkin Ibrahim (Peyda) (M), publisher, CEO of ogen publishing company.
112. Chimen'gül Awut (F), Senior editor, Kashgar Uyghur Publishers; poet.
113. Tahir Talip (M), senior editor, "Kashgar Daily," poet, public figure.
114. Khalide Isra'il (F), Editor, "Xinjiang Gazette," retired; writer.
115. Méhrigül Tahir (F), Instructor, Kashgar Preschool Teachers Training School; daughter of Tahir Talip.
116. Abdurahman Abdurehim (M), Kashgar Uyghur press, editor.
117. Memetjan Abliz Boriyar (M), Kashgar Uyghur Press, editor, writer.
118. Memet Sidiq (M), Kashgar Uyghur Press.
119. Anargul Hekim (F), Kashgar Uyghur Press.
120. Guzelnur Qasim (F), Kashgar Uyghur Press.
121. Mahinur Hamut (F), Kashgar Uyghur Press.
122. Erkin Emet (M), Head of Kashgar Uyghur Press.
123. Emrulla Enwer (M), Kashgar Uyghur Press.

Poets, Writers and Scholars

124. Perhat Tursun (M), Researcher, XUAR People's Arts Center; PhD; writer, poet.
125. Abbas Muniyaz (M), Professional writer, XUAR Writers' Association.
126. Muhter Helil Bughra (M), Poet, XUAR TV Station.
127. Idris Nurulla (M), Independent translator, poet.
128. Qasimjan Osman (Ghazi) (M), Civil servant, Peyzawat County Party Committee Propaganda Department; poet.
129. Yasin Jan Sadiq (Choghlan) (M), writer, XUAR writers association.
130. Osman Hoshur (M), Writer, participant of Uyghur textbook.
131. Memet Emet Chopani, Writer, poet.
132. Ibrahim Alptekin (M), former police officer, poet, writer, publisher, Artush.
133. Abduqadir Jüme (M), Independent translator, poet.
134. Nezire Muhemmedsalih (F), Independent writer; wife of Adiljan Tuniyaz; daughter of Muhemmedsalih Hajim.
135. Muhemmedsalih Hajim (M), Researcher, Nationalities Research Institute, Xinjiang Social Science Academy, retired; translator of the Quran into Uyghur; religious scholar and translator; died at age 84 in a camp; father of Nezire Muhemmedsalih.
136. Memet'éli Abdurehim (M), Former head of XUAR Language Committee, retired.
137. Tahir Abduweli (M), Researcher, XUAR Language Committee.
138. Alimjan (M), Researcher, XUAR Language Committee.
139. Na'iljan Turghan (M), Researcher, XUAR Language Committee.
140. Küresh Tahir (M), Researcher, Xinjiang Social Sciences Academy; son of Tahir Talip.
141. Abdurazaq Sayim (M), Vice Head of Xinjiang Social Sciences Academy; senior researcher.
142. Gheyret Abdurahman (M), Researcher, Xinjiang Social Sciences Academy; Vice Head, Language Institute, Xinjiang Social Sciences Academy.
143. Abduqéyum Mijit (M), Researcher, Ethnic Culture Research Institute, Xinjiang Social Sciences Academy.
144. Sajide Tursun (F), Postdoctoral researcher at Max Planck Institute for the Study of Religious Diversity in Gottingen, Germany.
145. Abbas Burhan (M), Researcher, XUAR Education Department; Vice Principal, Ürümqi, Number 10 Elementary School.
146. Ablimit (M), Independent researcher of Uyghur classical literature; PhD.
147. Gulbahar Eziz, Writer, Poet, Lawyer.
148. Adiljan Tuniyaz (M), Former staff, Xinjiang People's Radio Station; poet; husband of Nezire Muhemmedsalih.
149. Dilmurat Tursun (M), researcher, Urumchi Municipal education department.
150. Adil Rishit (M), researcher, XUAR Educational Press.
151. Tursunjan Muhemmet Marshal, website editor, Writer.
152. Tursunbeg Yasin (M), Blogger, writer.
153. Tuniyaz Osman (M), writer, former Judge, Aksu seismology Department.
154. Omerjan Hesen (Bozqir) writer, Translator, Blogger, Aksu Forestry Department.

Actors, Directors, Hosts, Hostess, Singers

155. Mekhmutjan Sidiq (M), Director, Xinjiang Television Station.
156. Ekhmetjan Metrozi (M), Technician, Xinjiang Television Station.
157. Qeyum Muhemmet (M), Associate Professor, Xinjiang Art Institute; actor; host; husband of Aynur Tash.
158. Aynur Tash (F), Ürümchi People's Radio Station, retired for health reasons; wife of Qéyum Muhemmet.
159. Erkin Tursun (M), Editor, director, Ili Television Station.
160. Es'et Éziz (M), Chief, Ürümchi People's Radio Station Uyghur Editorial Department.
161. Abdushukur Wahit (M), film editor, Urumqi Sezgu Advertisement company.
162. Abdurehim Heyit (M), singer XUAR Theater.
163. Zulpiqar Koresh (M), host of Uyghur TV program, XUAR TV station.
164. Reshide Dawut (F), singer, XUAR theater.
165. Adil Mijit (M), comedian, XUAR Theater.

166. Senuber Tursun (F), singer, XUAR theater.
167. Aytilla Ela (F), singer, XUAR Theater.
168. Ablet Zeydin (M), XUAR TV station, editor.
169. Peride Mamut (M), singer, actor, Karamay Theater.
170. Zahirshah Ablimit (M), singer.
171. Ablajan Awut Ayup (M), singer, "Uyghur Justin Baber".
172. Memetjan Abduqadir (M), singer, actor.
173. Mahire Yusup (F), singer, Urumchi Song and Dance Troup.
174. Adiljan Hamut (M), Cameraman, Xinjiang Izgil Film & TV company.

Computer Engineers

175. Qeyser Abdukerim (M), computer engineer, poet.
176. Metyasin Metqurban (M), Bilkan electronic company, CEO, computer engineer.
177. Perhat Zahir (M), computer engineer.
178. Abdurahman Memetabla (M), computer engineer, CEO, Rawanyol electronic company.
179. Nurshat (M), Graphic designer, Qarluq Electronic Company.
180. Abletjan Ismail (M), Creator of Yaltapan software, IT engineer of XUAR Government website ts.cn.
181. Sirajidin Qarluq (M), Qarluq electronic, co.ltd.
182. Amannisa Qemirdin (F), accountant, Qarluq Electronic Company.
183. Reyhangul Mehmut (F), graphic designer, Qarluq electronic.
184. Yusup Ehmet (M), graphic designer, Qarluq electronic.
185. Emetjan (M), Qutlan Electronic Company, computer engineer.
186. Mukhtar Rozi (M), Computer expert; programmer.
187. Ekber Eset (M), website designer, CEO, Bagdax electronic.
188. Dilshat Perhat (Ataman) (M), Founder, "Diyarim" website.

Photographers and Painters

189. Nijat Memtimin (M), Employee, Kashgar Prefectural Government Information Office; photographer.
190. Mutellipjan Memtimin (M), Owner, "Kashgar White Steed Photo Studio"; photographer.
191. Ablikimjan (M), designer, Kashgar Preschool Teachers School.

Other intellectuals

192. Ablimit Ablikim (M), MA student, Shanghai Arts Institute.
193. Arzugül Abdurehim (F), Received MA in Japan.
194. Abdurishit Imin (M), XUAR Department of Agriculture.
195. Gülbahar Éziz (F), Civil servant, XUAR Prison Administration Office; psychology Counselor; Lawyer.
196. Ghalip Qurban (M), vice chief, Urumchi municipal court, Judge.
197. Ekber Ebeydulla (M), Kashagr Cultural Heritage Protecting Department.
198. Ebeydulla Ibrahim (M), Writer, Editor in Chief, Xinjiang Youth.
199. Mihray Mijit (F), Principle of #20 Primary School, Editor of Uyghur Textbook.

Supplement: imprisoned intellectuals from other Turkic ethnic groups in Xinjiang.

201. Qabilqan Sadiq (M), Editor, Xinjiang Education Press; Kazakh.
202. Esqer Junus (M), Researcher, Xinjiang Social Sciences Academy; Kyrgyz.
203. Hörmetjan Abdurahman (Fikret) (M), Professor, Xinjiang University; Uzbek.
204. Mambet Turdi (M), Professor, Xinjiang Normal University; literary critic; Kyrgyz.
205. Abdurahman Eziz (M), Writer, Ermudun, Yengisheher, Kashgar, Kyrgiz.
206. Dina Igemberdi (F), Painter, Urumqi Tianshan District, Tuanjielu, No.78. Kazakh.
207. Nurbaqit Qadir (M), editor, Xinjiang Education Press. Kazakh.
208. Maqadas Aqan (M), editor, Xinjiang Education Press. Kazakh.

Other Intellectuals

209. Turnan Qasim (M), CCP XUAR regional committee, propaganda branch.
210. Jelil Abdurahman (M), Urumqi Education Department.
211. Hamut Yasin (M), Xinjiang Education Press.
212. Abduqeyum Tohtaji (M), Xinjiang Experiment High school.
213. Aygul Imin (F), Teaching & Study office of Tianshan District, Urumqi Education Department.
214. Mahire Rozi (F), teacher, Urumqi #16 High School.
215. Abdusalam Turdi (M), professor, Department of Physics, Xinjiang Normal University.
216. Enwer Sidiq (M), professor, Department of Physics, Xinjiang Normal University.
217. Ghalip Nasir (M), Administration Office, Xinjiang Normal University.
218. Rena Mamut (M), Library, Xinjiang Normal University.
219. Umit (M), Affiliated High School of Xinjiang Normal University.
220. Rizwangul (F), Affiliated High School of Xinjiang Normal University.
221. Eysa Qadir (M), professor, Xinjiang Agriculture University.
222. Ababekri Ablet (M), president of Hotan Teachers College.
223. Memetrishat Zunun (M), Xinjiang Huan Tourism co.ltd.
224. Gheyret Eysa (M), Kashgar #10 High School, publisher.
225. Dawut Obulqasim (M), Koknur biotechnology co.ltd.
226. Buhelchem Tursun (F), former official of Urumqi Import and Export Department.
227. Telet Qadiri (M), Uyghur textbook for grade 8 editor, Xinjiang education Press.
228. Hamutjan Hekim (M), Uyghur textbook for Grade 8 editor, Xinjiang education Press.
229. Shirmuhemmet Jarup (M), Uyghur textbook editor, Xinjiang Education Press.
230. Perhat Kazim (M), Uyghur textbook editor, Uyghur textbook editor.
231. Eysajan Turdi Achchiq (M), Uyghur textbook for Grade 8 editor.
232. Muqeddes Mirza (F), Uyghur textbook for Grade 8 editor.
233. Enwer Omer (M), Uyghur textbook for Grade 8 editor.
234. Hebibulla Eli (M), Uyghur textbook for Grade 8 editor.
235. Adiljan Ayit (M), Uyghur Textbook painter, XUAR Education Press.
236. Abdurehim Osman (M), Kashgar CCP local branch vice chairman of religious and ethnic affair.
237. Shemsıdın (M), physician, XUAR Number 2 Hospital.
238. Zamanidin Pakzat (M), poet, instructor, Preschool teachers college.
239. Gulchihre Chongelem Eziz (F), writer.
240. Ablikim Kelkun (M), comedian, XUAR Theater.
241. Hebibulla Tohti (M), professor, Xinjiang Islamic Institute, PhD.
242. Adil Hajim (M), professor, Xinjiang Islamic Institute.
243. Yusupjan Zeynidin (M), former professor, Xinjiang Islamic Institute.
244. Muhemmet Abdulla (M), former professor, Xinjiang Islamic institute.
245. Abduqahar Damolla (M), professor, Xinjiang Islamic Institute.
246. Ilyas Qarihaji (M), professor, Xinjiang Islamic Institute, PhD.
247. Shahabidin Hajim (M), professor, Xinjiang Islamic Institute.
248. Abduqahar Damolla (M), professor, Xinjiang Islamic Institute.

249. Abdusemi Damolla (M), instructor, Artuch Islamic School.
250. Abliz Qarihaji (Arqan) (M), writer, religious scholar.
251. Abduhaliq Damolla (M), instructor, Aqsu Islamic School.
252. Azat Eziz (M), professor, former principle, Kashagr University.
253. Gulzar Gheni (F), Kashgar University.
254. Abduqeyum Yasin (M), physician, Kashagar #1 People's hospital.
255. Dilshat Alim (M), physician, XUAR Number 2 people's hospital.
256. Mirzat Osman (M), 32 years old. Bachelor of Xinjiang Agricultural University, studied in Italy, missing since 2017.
257. Yasinjan Tohti (M), pharmacist, Kashgar Uyghur Medicine Hospital.
258. Buwejer Memeteli (M), teacher, Kashgar Number 10 Primary School.
259. Adil Eliyof (M), retired accounted from People's Bank Kashgar Branch.
260. Erkinjan Abdukerim (M), primary school teacher in Awat Township Kashagr, he died after released from reeducation camp on September 30th, 2018.
261. Nurmemet Tohti (M), 32 years old, Xinjiang ElQUWET co.ltd.
262. Kamalidin (M), professor, Xinjiang Financial & Economy University PhD.
263. Alishir Qurban (M), associated professor, Xinjiang institute of ecology and geography, Chinese science academy.
264. Huseyinjan Esqer (M), researcher, Language committee of XUAR.
265. Erkizat Barat (M), writer, website editor, activist, graduated Zhongnan Financial University, Poskam, Xinjing (aka East Turkestan).
266. Hesenjan Abdulla (M), Researcher, Ili institute of Agricultural study, Ili Kazakh Autonomous Prefecture, detained April 2017.
267. Hisamidin Eziz (M), Poet, Xinjiang Representative Office in Beijing, detained in June 2018.
268. Abdulkahar Tursun (M), Arcelik Electronic engineer, graduated Middle East Technology University, detained 2017.
269. Turghun Asim (M), 45 years old, water engineer, Kashgar city water administration department, detained in concentration in 2018.
270. Memtili Wahap (M), 40 years old, Kashagr city Water Administration department.
271. Nurmemet Niyaz (M), 30 years old, Kashagr city Water Administration department.
272. Ekber Emet (M), 37 years old, Kashagr city Water Administration department.
273. Abdughopur Tursun (M), 54 years old, Kashagr city Water Administration Department.
274. Sabirjan Hamut (M), 48 years old, Kashagr city Water Administration Department.
275. Memetjan Rozi (M), born in 1979, Graphic Designer & Film Editor, detained September 5th, 2017.
276. Kamal Abliz (M), born in 1979, film maker and producer, he directed there is no way for these kids, detained June 9th 2017, Dolan co.ltd.
277. Semi Kirem (M), Babahan Food & Logistic Company, detained in Midong detention Center since August 15th.
278. Tahir Qasim (M), writer, poet, professor, Aqsu Educational Institute.
279. Abdusalam Jalalidin (M), professor, PhD, born in 1962 Ghulja, Xinjiang University.
280. Hemdulla Abdurahman (M), Linguist, born in Pichan 1957, Languages committee of Xinjiang Uyghur Autonomous Region.
281. Nizamidin Niyaz (M), PhD, Lecturer of Xinjiang Normal University, sentenced for 15 years for participating problematic textbook.
282. Tursunjan Behti (M), PhD, Linguist, born in 1985, lecturer of Xinjiang financial and Economy University.
283. Rahmanjan Awut Ozhal (M), Poet, Singer, Song writer, XUAR Theater.
284. Eysabeg Mamut (M), well-known folksinger, h sentenced 10 years, accused of illegal religious activity.
285. Waris Ababekri (M), one of the former leaders of the 1988 Uyghur students' movement, writer, film producer, Xinjiang Dolan co.ltd.
286. Osman Kerem (M), born in 1961, former teacher of Urumchi number 23 middle school.
287. Kurban Aji (M), 61 years old (born on March 1st, 1958 Artush). He has taught in high schools for 35 years, Artuch Number 4 high school.
288. Abduhelil Ela (M), Surgeon, Tuberculosis Hospital of Xinjiang Uyghur Autonomous Region, detained in January 2018.
289. Zohre Ela (F), Technician, Karamay Petroleum Company which cooperated with Hong Kong, detained in January 2018.
290. Juret Memet (M), teacher, vice president of regional educational department of Karamay.
291. Rishat (M), teacher, Number 4 primary school in Karamay.
292. Adil Yaqup (M), poet, Vice Chief of Number three Detention Center, detained March 2018, he got released in 2019. depending on the recent information Adil was detained again in March 2020.
293. Memtimin Hoshur (M), Writer, Former Head of XUAR Writers Association.
294. Ehtem Omer (M), Writer, employee of state owned XUAR Film making company.
295. Reyhangul (F), Uyghur Medicine Hospital of Xinjiang Uyghur Autonomous Region in Urumchi city.
296. Juret Qurban (M), born in 1986, Xijiang Zamzambolaq International Trade co.ltd., detained in October 2017.
297. Jumaji Juma (M), Teacher, Qulanchi Primary School, Azaq Township, Artuch, detained and sentenced to 7 years, because of sending a gift to Turkey.
298. Marat Isaqow (M), born in 1982 Urumchi, Teacher, Urumchi Number 14 High School, studied in Kazan, Tatarestan federal republic, Tatar.
299. Sewirdin Imam (M), Host, Actor, arrested in January 2019, He is in Tie Chang Gou, Michuan.
300. Semi Kirem (M), arrested in August 15th, 2018, Xinjiang BABAHAN Food Company.
301. Abduqeyum Imin (M), actor, editor, Xinjiang TV, (State owned Xinjiang Uyghur Autonomous regional propaganda organization).
302. Hezereteli Memettyrsun (M), Singer, public figure.
303. Bupatem (F), secretary of Hotan county level court.
304. Abdurahman (M), Hotan county local branch of CCP commission for discipline inspection.
305. Husenjan (M), Musician, music teacher Hotan city number 2 primary school.
306. Arapat Erkin (M), student, Kocaeli University, kept missing since 2017 went back to China.
307. Mirzat Osman (M), student, studied in Milan, Kept missing since October 2017 went back to China.
308. Omerjan (M), architect, Uyghur style architectures designer, entrepreneur, public figure.
309. Yasin Kerim (M), Calligrapher, awarded international several Calligraphy competitions, Yengi Eriq township, Hotan. https://instagram.com/uycalligrapher?igshid=1xoek3v9lwm0x
310. Niyaz Kerim Sherqi (M), Calligrapher, topographer, toponymist, professor of former Xinjiang University of Industry.
311. Abdureshit Eli (M), Pen name (tundiki adem), poet, editor of Yengi Qashteshi (seasonal literature magazine).
312. Abdukerim Yaqup (M), Public figure, the people's government of Xinjiang Uyghur Autonomous region Beijing Office.
313. Ehet Sayit (M), Public Figure, County Mayor of Yarkent, Xinjiang Uyghur Autonomous Region.
314. Abdugheni Jume (M), Public Figure, County Mayor of Merkit, XUAR.
315. Ghali Rahman (M), Public Figure, County Mayor of Peyzawat, XUAR.
316. Memettrusun (M), Public Figure, Kashagr Prefectural Foreign affair Office.
317. Gholamjan Ghopur (M), English teacher, the founder of Tewpiq Language and Technology Training school.
318. Abdumijit Abduqadir (M), Instructor, Xinjiang Uyghur Medicine College, PhD candidate of Chinese Science Academy Xinjiang Branch.
319. Enwer Niyaz (M), Teacher, Principle of Toqsun County Number 1 High School, Head of Toqsun County Education Department.
320. Shohret (M), Instructor, Xinjiang Normal University, Tsing Hua University PhD Candidate.
321. Qelbinur Hamut (F), Teacher, Number 19 Primary School, one of the editors of Uyghur textbook, retired in 2015, arrested in 2017.
322. Abdurehim Ablethan (M), writer, film maker, Jigde Qduq Village, Qomul.
323. Turkizat Gheyret (M), Student Activist, Xinjiang Finance and Economy University.
324. Musajan Imir (M), Entrepreneur, Xinjiang Qaraqum International Trade Company.
325. Gheni Semet (M), Poet, self-employment, Uyghur bookstore owner.
326. Gulnisa Imin (F), Poet, local social activist. Well-known female poet, her poetry translated into Japanese and selected in Uyghur poetry selection published in Japan.
327. Abliz Arqan (M), Blogger and Islamic Scholar. Small business owner in Korla city.
328. Abduqeyum Tohtaji (M), one of the editors of banned Uyghur Textbook.
329. Abduweli Muqiyit (M), Uyghur cultural activist. 1945 born in Ghulja. 2019 sentenced 17 years. Now serving jail in Helongjian Province.
330. Muhter Mamut Muhemmidi (M), independent scholar, publisher, Uyghur Bookstore owner in Qarghiliq County Kashgar.
331. Ablet Ababekri (M), Professor, President of Hotan Teachers College.
332. Muhter Emet (M), Poet, vice chief Konisheher County CCP local branch, detained 2017 September.
333. Abduhelil Tohti (M), athlete, wrestling Master, teacher, Konisheher No.1 High School, detained in April 2017.
334. Ehmet Turghun (M), teacher, arrested in September 2017, one of the Uyghur textbook related teachers. Urumchi number 22 primary school.
335. Reyhangul Hashim (F), teacher arrested in September 2017, one of the detainees related to Uyghur text book issue, Urumchi Qarlayelisi primary school.

336. Ekber Awut (M), teacher, athlete, arrested in September 2018, died in the detention center in Urumchi October 2019, Urumchi number 22 primary school.
337. Melike Dawut (F), teacher, researcher, detained in April 2017, one of the detainees related to Uyghur textbook issue, Urumchi educational department, research office.
338. Bahargul Hebibul (F), IT engineer, arrested in June 2017, sentenced 5 years in prison in November 2019, Urumchi branch of Chinese Railway Communication Company.
339. Mihray Hebibul (F), Policewoman in Turpan city, arrested, arrested 2018, sentenced 3 years in November 6, 2019.
340. Alim Hebibul (M), prison Guard in Turpan city, arrested in 2018, sentenced 3 years in November 2019.
341. Yasin Imin (M), IT engineer, professor in Xinjiang university, department of information technology, researcher in bureau of information technology of Xinjiang Ethnic languages work committee, selected as distinguished youth by Uyghur autonomous regional party branch and government in 2015. He was arrested in 2018.
342. Alim Hasani (M), Linguist, Interpreter, researcher in bureau of information technology of Xinjiang Ethnic languages work committee, arrested August 2018.
343. Mehmut Eli Atilla (M), researcher, teacher arrested in 2017, Awat number 3 High School Aqsu Prefecture, reason of imprisonment related to the Uyghur text book issue.
344. Dilnur Mesum (F), Principal of Hotan Langru secondary school, teaching Chinese, arrested in 2018, sentenced 15 years, reason of imprisonment related to a WeChat massage which was sent in 2013 about halal food.
345. Nasirhaji (M), The senior staff of the Business Department of Agricultural Bank Shufu County Subbranch; arrested on may in 2017, reason of imprisonment related with helping poor and needy families by donation collected from Meshrep.
346. Tahir Mesum (M), Deputy Director of Hotan Education Bureau in Hotan Xinjiang, arrested in 2018, sentenced 10 years, accused racial discrimination crime, reason of imprisonment related to a WeChat massage which he received in 2013 about Halal food.
347. Abliz Oruhun (M), Former editor in chief of Xinjiang Difang Zhi (Xinjiang regional historgraphy), editor of Minzu publishing House, Xinjiang China.

Arrested in February 2018

348. Obulqasim Abdurehim (M), IT technician at Kashgar - China Telecom since 1995, arrested on may in 2017, reason of imprisonment related with helping poor and needy families by donation collected from Meshrep.
349. Abliz Tohtihaji (M), the Director of Kashgar Prefectural Transport Administration bureau since 2012. arrested on may in 2017, reason of imprisonment related with helping poor and needy families by donation which donated in Meshrep gathering.
350. Ishak (M), The Principal of Changji state No 3 secondary school, Xinjiang arrested in 2018.
351. Reyhangul (F), Teacher of Changji state No 3 secondary school, Xinjiang. teaching literature she also was arrested.
352. Juret Memtimin (M), a Uyghur retired government officials of the peoples republic of China, former professor of Minzu university, and former governor of Hotan prefecture. There was no news from his after being called for interrogation in early December 2019.
353. Ilham Rozi (M), Poet, Deputy Head of Publicity Department of Aksu Prefecture Committee□He was arrested on April in 2019 without any reason.
354. Behtiyar Ilham (M), Uyghur computer engineer and manager of Qarluk IT company. He was arrested on November in 2019 without any reason.
355. Ablajan Memet (M), Teacher, historian, Peyzawat No.1 High School, Kashgar, arrested in 2016. Graduated History Department, Xinjiang University.
356. Kamil Hesen (M), Teacher, Poet, Qizilboyi High School of Peyzawat County, Kashagar. He arrested in 2015, because of his poetry he published 2003 in Kashgar.
357. Memetsalim Sabir (M), Teacher, Poet, Peyzawat No.1 High School, Kashagr. He arrested in 2015, because of his poetry he published in 2003 in Kashgar.
358. Alim Yawa (M), Poet, Teacher, Gulluk High School of Peyzawat County Kashagr. He arrested in 2015, because of his poetry published in 2003 in Kashgar.
359. Gulnisa Imin (F), Poet, Teacher, Chira No.1 High School. She was Arrested in 2017, because of her poetry published in Japan.
360. Muhemmet Emet Chopani (M), Writer, Poet, Teacher, Chopan High School of Karghaliq County Kashgar. He arrested in 2017, because of his poetry book Jennet Yoli, published in Turkey 2013.
361. Osmanjan Ehet (M), Musician, Qarluq high tech Company, Urumchi. He was born 1981 in Shahyar County. He got arrested in October 2017.

Note 1:

1. This list is composed of Uyghur intellectuals whose imprisonment has been confirmed by the Uyghur Diasporas. The imprisonment of some individuals on the list has been investigated by Radio Free Asia; the imprisonment of the other intellectuals listed here has been confirmed by other reliable sources in China and some relatives of detainees in Diasporas.
2. While considerable care has been taking in compiling and checking the list, obstacles have nonetheless been considerable, given the information blockade imposed on Xinjiang (Eastern Turkistan) by the Chinese government. As a result, there may be errors in the list. We ask readers' help in correcting any such issues, compiling further information on the individuals listed here in, and adding other detained intellectuals to the list.
3. It is clear that the number of detained intellectuals greatly exceeds the number listed here. This list—and other lists of detained individuals will be continually revised and expanded.
4. In January 9th, the order are reorganized, after this time the order will be the same, if I add some individuals they should under the "Other intellectuals".
5. 21. Gulnar Obul released. 236. Jewlan Jelil is confirmed not in detention now; Adiljan Ayit was arrested because of Uyghur textbook issue.

Note 2: 176. Nurshat Mijit released January 18, but is unknown where he is. 283. Rahmanjan Awut Ozhal, 284. Eyasabeg Mamut released.
Note 3: Ablajan Abduwaqi and Sajide Tursun are released recently.
Note 4: case 292, Adil Yaqup, poet and head of the detention cent was released in the first week of April, he re-arrested in march 2020.
Note 5: Adil Eliyof released in March 2019.
Note 6: Abbas Eset, Arzugul Tashpolat were released recently.
Note 7: Muhter Bughra, Eysabeg Mamut were released recently.
Note 8: Qurban Aji, No.289 was released in June 2019.
Note 9: Azat Sultan released in May 2019.
Note 10: Abdukerim Rahman released May 2019, he was died in 2020.
Note 11: Ablikim Hesem Release in December 2019.
Note 12: Reshide Dawut sentenced in 2020.
Note 13: Elshir Qurban released November 2019.
Note 14: Senewer Tursun released October 2019.
Note 15: Arzigul Tashpolat released in September 2019.
Note 16: Case 112, Chimengul Awut was released in 2020.
Note 17: Case 36, Nurbiye Yadikar released.
(Last up-dated by Abduweli Ayup on November 13th, 2020), if you need more information, resume, testimonies, please feel free to contact Abduweli Ayup, yanmaymiz@gmail.com

【巻末附録２】リスト作成者である「Abduweli Ayup」氏の略歴

Abduweli Ayup

Work and Research Experience

July 2019–July 2020: ICORN Guest writer in Bergen Public Library, Bergen, Norway.
June 2016–April 2019: Uyghur Research Institute, Ankara, Turkey.
2008–2009: Lecturer, *Xinjiang Agricultural University, Urumqi, Xinjiang, China.*
Taught Modern Uyghur Language to international students.
2007–2009: Lecturer, *Xinjiang Finance and Economics University, Urumqi, China* Taught Linguistics in Journalism, Modern Chinese, Chinese Culture, Cultural Study of Western China, and Cultural Outline of Xinjiang to BA students.
2001–2007: Lecture, *Northwest University for Nationalities, Lanzhou, Gansu, China* Taught Linguistics in Journalism, Modern Chinese, Modern Uyghur language, Comparative Study of Chinese and Uyghur Culture, Uyghur History and Uyghur, Culture to BA students.
2005–2006: Visiting Scholar, *Dept. of Turkic Languages and Literature, Ankara, University, Ankara, Turkey.*
2005–2008: Academic Researcher, in cooperation with Prof. Gao Ren-xiong, I conducted research on **Ethnic Literature of the Northern Dynasties** *in the Dept. of Languages and Culture, Northwest University for Nationalities, Lanzhou, Gansu.*
The research was sponsored by the Social Science Foundation of China.
2004–2005: Academic Researcher, cooperated with Prof. Wang, I completed a research on A Comparative Study of Uyghur-Chinese Proverbs. I was sponsored by *the Northwest University for Nationalities, Lanzhou, Gansu, China.*

Education

2009–2011: MA in Linguistics, *Dept. of Linguistics, University of Kansas, USA.*
1998–2001: MA in Ancient Uyghur Literature, *Dept. of Chinese Literature, Xinjiang University, Urumqi, China.*
Supervisor: Professor Abdukerim Rahman. Specialty: Chinese Ethnic Literature.
Title of thesis: Zalili Zuopin Yanjiu (A Study of Zalili's Works).
1992–1997: BA in Uyghur Language & Literature, *Dept. of Turkic Languages, Culture and Chinese Ethnic Literature, Nationality University, Beijing, China.*

Attended National and International Conferences

July 2010: Mother Tongue as a Teaching Medium - Annual Conference on International Education, *Kansas, USA.*
April 2006: A Study of the Ethnonym of Tungan - Izmir Conference on Turkic Language and Culture, *Cesme, Turkey.*
July 2004: Comparative Study of Teaching Chinese and English to Uyghur Students-The Sixth National Conference on Bilingual Education, *Northwest Minzu University, Lanzhou, Gansu, China.*

Scholarships and Awards

July 2019–July 2012: ICORN Guest writer grant by International Pen.
June 2016–June 2019: A three years grant by The University of Haifa.
July 2008–June 2011: A two years Scholarship by the International Ford Foundation.
Dec. 2005–June 2006: An eight months award by the Turkish Ministry of Education.
June 2004–June 2006: A two years Scholarship by China Scholarship Council.

Academic Publications

1. Source of Tungan Words and their Meanings - A Study of the Ethnonym Tungan, "Language and Translation" Vol.2 in Uyghur Language, published **2007**.
2. Syntax Analysis of Chinese-Uyghur Proverbs,"*Journal of the Central University for Nationalities*" Vol.4 in Mandarin, published **2005**.
3. Cultural Analysis of Chinese-Uyghur Proverbs,"*Journal of Social Science Study in Xinjiang*" Vol.4 in Chinese, published **2005**.
4. Uyghur Trademarks and the Cultural Identity of Uyghur Businessmen, *Miras*, Vol.5 in Uyghur, published **2005**.
5. A Study of Uyghur Terminology, "*Language and Translation*"Vol.4 in Uyghur, published **2004**.
6. Uyghur Toponymy and Regional Culture of the Uyghurs "*Language and Translation*"Vol.1 in Uyghur, published **2003**.
7. Nava's Tradition and Diwani Ershi "*Journal of Kashgar Teacher's College*" Vol.2 in Uyghur, published **2001**.
8. Ethnic Identity and Patriotism in Zalili's Work, "*Tarim*" Vol.11 in Uyghur, **2001**.

Non-Academic Publications

1. The Uyghur Community in Lanzhou. "*Chinese Ethnicities*", Vol.4 in Uyghur, **2007**.
2. Moral and folklore or the Uyghurs (Contemporary Tightrope Runner: Uyghur Writers). *Tarim* Vol.7 in Uyghur **2007**.
3. What Happened to Uyghur Students Today? New Survivors or Traitors; Uyghur Students trained Han-Chinese Dominated Universities, *Chinese Ethnicities*, Vol.2 in Uyghur **2004**.
4. The Uyghur students in inland China's municipalities are hopeless on the edge of Hope Kashgar, Vol.4 in Uyghur **2004**.

Membership of Academic Associations

2004–2007: Anthropology and Literature Association and Association of Bilingualism of Chinese Ethnic Groups, **Active Member**.
2006–2007: Association of Literature Study of Tang Dynasty in Gansu Province (active member).
1995–1997: NGO Forum **Founder**.
1995–1997: Silk Road Cultural Exchange Association, **Founder**.
1993–1994: Love Students Association, **Active Member**.

Other Activities

2011–2013: Leader, Uyghur Mother Tongue Rights Movement, Xinjiang, China.
2011–2013: Founder, Uyghur Mother Tongue Kindergarten, Xinjiang, China.
2011–2013: Founder, Nurhan Language Training Center, Kashgar, Xinjiang, China.

◆著者◆

ムカイダイス（Muqeddes）

ウルムチ出身のウイグル人。千葉大学非常勤講師。

上海華東師範大学ロシア語学科卒業。神奈川大学歴史民俗資料学研究科博士課程修了。元放送大学面接授業講師、元東京外国語大学オープンアカデミーウイグル語講師。世界文学会会員。

著書に『ああ、ウイグルの大地』、『ウイグルの詩人 アフメット ジャン・オスマン選詩集』、『ウイグル新鋭詩人選詩集』三冊とも河合眞共訳(左右社)、『聖なる儀式 タヒル・ハムット・イズギル詩集』河合眞共編訳、『ウイグルの民話　動物編』河合直美共編訳（二冊とも鉱脈社）などがある。

それ以外に『万葉集』（第4巻まで）、『百人一首』、関岡英之著『旧帝国陸軍知られざる地政学戦略―見果てぬ防共回廊』のウイグル語訳を手掛けるほか、ウイグル語のネット雑誌『探検』にて詩や随筆を多数発表している。

在日ウイグル人が明かす**ウイグル・ジェノサイド**　東トルキスタンの真実

令和３年　３月 28 日　第１刷発行
令和３年　９月 22 日　第５刷発行

著　者　ムカイダイス
発行者　日高　裕明
発　行　株式会社ハート出版

〒171-0014 東京都豊島区池袋 3-9-23
TEL.03(3590)6077　FAX.03(3590)6078
ハート出版ホームページ　http://www.810.co.jp

定価はカバーに表示してあります。

ISBN978-4-8024-0112-8　C0030

印刷･製本　中央精版印刷株式会社